Christina Plate

Seelenmomente – Rituale mit Klangschalen im Alltag

Lotusherz
VERLAG

Die Inhalte des vorliegenden Buches wurden sorgfältig recherchiert und haben sich in der Praxis bewährt. Alle Angaben in diesem Buch erfolgen nach bestem Wissen und Gewissen.
Sorgfalt bei der Umsetzung der Rituale und Übungen ist dennoch geboten. Alle Leserinnen und Leser sind aufgefordert, selbst zu entscheiden, inwieweit sie die Anleitungen und Anregungen umsetzen wollen und können.
Der Verlag und die Autorin übernehmen keinerlei Haftung für die Resultate sowie für Personen-, Sach- und Vermögensschäden, die aus der Anwendung der vorgestellten Rituale, Methoden und Materialien entstehen können.

Layout und Design: Anne Lahnert
Satz: Mediendesign Jörg Munder
Druck: Druckerei Laubengaier, Leinfelden
Papier: FSC-Papier aus nachhaltiger Forstwirtschaft

Bildquellen:
Umschlag: © fotolia/Smileus, Abaton Vibra, Anne Lahnert
Seite 130: © shutterstock, baldyrgan
Alle weiteren Illustrationen: Anne Lahnert

ISBN: 978-3-947189-00-7

1. Auflage 2017

Alles ist Schwingung,
alles ist Klang

Vorwort

Unser gemeinsames Wirken für Körper, Geist und Seele der Menschen hat Christina und mich zusammengeführt. In unseren Gesprächen war stets spürbar wie sehr jede von uns auf ihre Art (im wahrsten Sinne des englischen Wortes für Kunst) und Weise diesem Auftrag folgt, ihn umsetzt. Christinas Weg ist jener der Klänge.

Ihre Persönlichkeit und ihre Wahrnehmung begeistert mich. Be-Geistert. Ihr Spirit ist in jeder Begegnung fühlbar und ihr besonderer Spirit ist auch in diesem Buch fühlbar. Wort für Wort, Satz für Satz reicht sie ihn zusammen mit ihrer ganz besonderen Weisheit hin zu den Klangschalen. Weisheit, die von Liebe getragen ist. Weisheit, die aus dem Herzen, nicht aus dem Verstand hin zum Leser, der Leserin gereicht wird. Weisheit, die eine Fülle an Inspiration offenbart. Christina ist mit diesem Buch etwas gelungen, das keinem Trend folgt, kein Verfalldatum hat. Sanft schlägt sie mit ihren Worten die Vorstellungskraft der Leser wie eine Klangschale an, zeigt kraftvolle Hilfen und Werkzeuge mit unbeschränkten Einsatzmöglichkeiten.

Auf diese Weise lässt sie eine Melodie beim Lesen erklingen, schwingungsgleich mit der Heilungskraft der Klangschalen.

Lieber Leser, liebe Leserin – ich kann Dir dieses Buch empfehlen. Es erwartet dich eine Vielfalt an Inspiration. Es öffnet Dein Feld der Möglichkeiten, nicht nur im Feld der Klänge, im Feld Deines (er)Lebens. Lass dich inspirieren. Christina schenkt eine Vielfalt an Möglichkeiten und Ideen, wie man sich mittels der Klangschalen an das große Ganze mit all seinen vielen Helfern verbinden kann, und zeigt eine Fülle an Möglichkeiten auf, so die Essenz der Seele zu nähren. Lese, atme, integriere und wende an. Diese Reise beginnt mit dem ersten Klang, den du in Deinem Herzen spürst, unmittelbar nach dem Lesen der ersten Worte.

Viel Freude mit diesem wundervollen Buch, ich verspreche – es werden ganz persönliche Momente mit Deiner Seele sein. Seelenmomente.

Daniela Hutter

Faszination Klangschalen

Noch ein Buch über Klangschalen?
Braucht die Welt das?
Ja. In meinen Seminaren muss ich immer wieder feststellen, dass viele Menschen zwar von Klangschalen begeistert sind, sich aber nicht trauen, eine Klangschale selbst zu spielen. Oft fehlt das Wissen über die richtige Handhabung, oft fehlen die Ideen. Viele stehen vor dem wunderschönen Instrument und fragen sich zweifelnd: Wenn andere für mich spielen ist das sehr schön, aber kann ich das auch für mich selbst?

Dabei können uns Klangschalen zutiefst berühren und innerhalb kürzester Zeit ein Wohlgefühl entstehen lassen, wenn wir sie für uns selbst erklingen lassen. Du fragst Dich, wie das geht?

Lass uns bei der richtigen Handhabung anfangen:

Den schönsten Klang entlocken

Viele meinen, eine Klangschale anzuschlagen sei ganz einfach – das könne doch jeder. Aber hast Du Dich mal gefragt, warum Du bei einem Ton entspannst, Dich geborgen und gut fühlst, während Du bei einem anderen Ton zusammenzuckst und erschreckst?

Das liegt daran, wie die Schale angeschlagen wird. Du möchtest auch nicht irgendwie behandelt werden, sondern auf die für Dich richtige Art und Weise. Und genauso mag es unser Instrument, die Klangschale, auch nicht, wenn man sie falsch behandelt.
Wie erzeugst Du nun den für Dich und andere wohltuendsten Klang mit einer sich gut anfühlenden Schwingung?

Dazu ist zum einen der richtige Klöppel für Deine Klangschale wichtig. Dieser ist abhängig von der Schalengröße. Zum anderen ist es wichtig die Schale so anzuschlagen, dass Du einen vollen Klang, eine intensive und zugleich sanfte Vibration erzeugen kannst.

All diese Elemente, Klöppel, Klangschale, Klang und die Rituale, wird Dir dieses Buch in eigenen Kapiteln vorstellen und erläutern.

Beginnen wir mit den Klöppeln aus den verschiedenen Materialien Holz, Leder und Filz:

Kleine Warenkunde

Holzklöppel

Ein Holzklöppel wird zum Anschlagen sehr kleiner Schalen verwendet. Mit dem Holzklöppel bringst Du deren helle Obertöne besonders gut zur Geltung. Zum Anschlagen von großen Schalen ist der Holzklöppel grundsätzlich weniger geeignet. Erzeugst Du bei einer großen Schale mit Holz einen Klang durch den Anschlag, ist dieses Geräusch für das Ohr sehr unangenehm. Es gibt einen lauten Misston und die meisten Menschen erschrecken dabei.

Weiche Holzklöppel eignen sich wunderbar für das Anreiben einer Schale. Dies bedarf einiger Übung: Empfindliche Ohren können sehr leiden, wenn jemand unachtsam und unvorsichtig mit Holzklöppel und Klangschale umgeht. Mit einem Lederklöppel kann man einer kleinen Klangschale durch Reiben oft viel einfacher einen schönen Klang entlocken. Wie das geht, zeige ich Dir in einem der kommenden Kapitel.

Lederklöppel

Lederklöppel sind weicher als Holzklöppel und härter als Filzklöppel.

Ein mit Leder umklebter Klöppel eignet sich ebenfalls gut für kleine Klangschalen. Die Schale klingt beim Anschlagen damit gedämpfter und weicher. Ein Anreiben der Klangschale mit einem Lederklöppel ist in der Regel einfacher und der entlockte Ton klirrt nicht so schnell, wie mit einem Holzklöppel.

Um mittlere und größere Schalen anzuschlagen, ist ein Lederklöppel nicht geeignet. Auch hier ist es schwierig, die Klangschale sanft erklingen zu lassen. Die Gefahr, dass man selbst oder der geneigte Zuhörer erschrickt, ist sehr hoch. Darüber hinaus entlockst Du der Klangschale nicht den vollen Klang, und die Vibration wird oft nur mäßig ausfallen. Nimm dazu lieber einen Filzklöppel.

Filzklöppel

Bei Filzklöppeln bestimmt die Dicke des Filzes, welcher Klöppel sich für welche Schalengröße eignet.

Es gibt kleine Filzklöppel, die einfach bzw. dünn mit Filz beklebt sind. Diese kann man gut zum Anschlagen kleinerer Schalen verwenden.

Filzklöppel für mittlere und größere Schalen haben meistens einen dickeren Kopf. Wenn man diesen zusammendrückt, kann man die Härte der jeweiligen Filzummantelung gut mit den Fingern erspüren. Als Faustregel gilt: Je größer die Schale ist, desto weicher und dicker mit Filz ummantelt sollte der Klöppel, mit dem sie angeschlagen wird, sein. Je dicker der Filz, desto harmonischer und voller der Klang.

Zum Anreiben sind Filzklöppel generell ungeeignet.

Im Anhang findest Du eine Tabelle mit Orientierungswerten, welcher Klöppel für welche Schalengröße empfohlen wird.

Hast Du für Deine Klangschale den richtigen Klöppel ausgewählt, gilt es die Schale so anzuschlagen oder anzureiben, dass ihr harmonische Klänge und sanfte Schwingungen entlockt werden.

Der richtige Anschlag

Eine Klangschale ist ein sanftes Instrument. Der richtige Anschlag ist eher ein Streicheln. Wer will schon gern geschlagen werden?

Die Schale wird idealerweise am oberen Rand angeschlagen. So erzeugst Du den vollsten Klang und erreichst die größte Vibration.

Dafür hältst Du den Klöppel gerade kurz vor den Schalenrand, dann ziehst Du ihn weg, um etwas auszuholen, und nun streichelst Du die Schale sanft kurz unterhalb des Randes an. Danach ziehst Du den Klöppel sofort wieder gerade nach hinten zurück. Diese Technik ist so wichtig, dass wir sie noch einmal ganz genau beschreiben:

Haltung des Klöppels am Schalenrand

Der Klöppel wird parallel zum Schalenrand gehalten. Das Anspiel erfolgt am oberen Schalenrand, aber nicht auf dem Schalenrand. Wenn Du von oben auf den Schalenrand schlägst, dann wird Deine Klangschale nur sehr kurz klingen, wenn überhaupt. Und der Klang wird sich unschön anhören und sich auch nicht gut anfühlen.

So sieht der Anschlag richtig aus:

Und so setzt Du es um:

Du zielst mit Deinem Klöppel ganz nah am oberen Rand der Schale, knapp unterhalb der Kante, den Punkt an, den Du dann später anstreicheln willst. Dann ziehst Du den Klöppel zurück. Bringe mit der gleichen Bewegung den Klöppel wieder nach vorn und berühre die Schale damit sanft. Dann ziehst Du den Klöppel wieder zurück. Damit kommst Du in den Bewegungsablauf:
Zielen – Zurück – Anspielen – Zurück.

Es ist ein sanfter, fließender Bewegungsablauf, der für den schönsten Klang und eine wunderbare Vibration sorgt.

Warum ist das so wichtig?
Der Klang und die Schwingung können sich am besten ausbreiten, wenn nichts im Wege ist. Deshalb darf nach dem Anschlag der Klöppel nicht ganz nah am Schalenrand verweilen.

Der Unterschied zwischen dem richtigen und einem falschen Anschlag ist überaus groß. Aber je feiner Dein Gespür wird, umso deutlicher wirst Du wahrnehmen, wie sich eine Klangschale anhören soll.

Hast Du schon mal eine Schale sehr hart angeschlagen? Dann weißt Du, wie die Schale scheppern, unharmonisch klingen und unrund schwingen kann.
Schon das richtige Anschlagen bzw. Anstreicheln der Klangschale kann zu einem Ritual werden. Deine Absicht sollte es sein, sanft und gut wunderbare Töne und Schwingungen zu erzeugen.
Wenn Du nicht die Absicht hast, mit dem Instrument und Ritualgegenstand Klangschale und auch mit Dir selbst gut umzugehen, wird Deine Schale nie voll tönen.

Du kennst diesen Unterschied: Sicherlich hast Du schon mal Musiker gehört, die einfach nur so auf ihrem Instrument musizieren – ohne Leidenschaft, ohne Begeisterung, ohne dem Instrument gerecht zu werden, ohne Achtung und ohne Respekt vor sich selbst. Das klingt dann meist sehr nebensächlich. Da ist es besser still zu sein.

Selbstverständlich braucht der gute Anschlag etwas Übung. Doch mit etwas Geduld und Feingefühl wirst Du schnell den richtigen Dreh heraushaben.

Dein Anspiel und Dein Ritual kannst Du noch intensivieren, in dem Du entscheidest, in welche Richtung Du die Schale anspielst. Spielst Du für Dich, kannst Du zu

Dir hin spielen. Spielst Du für eine andere Person oder schickst Schwingungen für andere in die Welt, dann spielst Du von Dir weg, hin zu den anderen.

Anreiben

Eine Klangschale kann man durch gleichmäßiges Reiben mit einem Holz- oder Lederklöppel am Rand der Schale zum Singen bringen.

Halte den Klöppel flach und führe ihn mit Druck und in einer gleichmäßigen Bewegung am oberen Rand entlang um die Schale herum. Dabei kann es hilfreich sein, die Schale vorher leicht anzuschlagen. Wird der Klöppel flach gehalten, erzeugt er einen tieferen Ton. Wird er schräger zur Schale geführt, erklingt beim Reiben ein höherer Ton.

Um einen gleichmäßigen Sington beim Reiben zu erzeugen, müssen Druck und Geschwindigkeit stimmen. Klirrt die Klangschale beim Reiben, ist die Bewegung

zu schnell oder es wird nicht genügend Druck zur Schalenmitte hin auf den Klöppel ausgeübt.
Um die Technik des Reibens zu erlernen, bedarf es etwas Geduld, Übung und Konzentration. Also nicht gleich aufgeben, wenn es beim ersten Mal nicht gelingt. Auch das Anreiben an sich kann ein eigenes Ritual sein. Davon wirst Du später noch mehr lesen.

Jetzt, da geklärt ist, wie Du Deiner Klangschale die schönsten Töne und Schwingungen entlocken kannst, möchtest Du vielleicht eine Klangschale wählen und ein paar Dinge ausprobieren, die Dich im Alltag unterstützen können.

Welche Klangschale soll ich nehmen?

Klangschalen gibt es viele. Grundsätzlich empfehle ich Dir, mit einer oder mehreren Klangschalen zu spielen, die Dich tief im Herz berühren, die Dich strahlen lassen, bei denen Du Dich wohlfühlst.

Du willst wissen, wie Du die Richtige findest?

Es gibt verschiedene Klangschalen-Systeme. Die einen spielen mit nach Größen angeordneten Klangschalen. Dabei gilt: eine große Klangschale ist für die Füße, eine mittlere für den Beckenbereich, eine kleine für das Herz.

Andere spielen mit Klangschalen, die sie nach der Höhe des Tons anordnen, den die Schale erzeugt: je tiefer der Ton, desto eher wird die Schale der Erdung zugeordnet, je höher der Klang, umso eher erreicht sie nach diesen Systemen das Herz und den Kopf oder lässt uns fliegen.

Das alles – und noch viele weitere Ordnungssysteme – haben ihre Berechtigung.

Für mich persönlich hat nichts davon gepasst. Es hat sich für mich immer anders angefühlt. Ich wusste nicht, warum ich so empfinde, bis ich auf Planetenklangschalen gestoßen bin.

Alles hat eine Schwingung, deshalb hat alles, was existiert, auch einen Klang.

Viele meiner Fragen klärten sich, als ich begann, mich mit Planetentönen zu beschäftigen: Nicht weil eine Schale tief klingt, bringt sie mir automatisch das Gefühl von Erdung, sondern weil die Frequenz stimmt.
Also kann mich auch eine höher klingende Schale erden und eine tief klingende Klangschale kann mich in den Himmel heben.
Das erschien mir sehr logisch und ich begann, mich mehr mit den Frequenzen, der Schwingung des Tons zu beschäftigen. Wenn ich weiß, wie welche Frequenz auf meinen Körper, meinen Geist und meine Seele wirkt, kann ich diese Frequenzen auch gezielt einsetzen, um bestimmte Dinge zu fördern und zu unterstützen oder auch um unerwünschte Nebenwirkungen auszuschließen.
Dieses Wissen ist nicht neu. Es wird in der Musiktherapie angewendet: Wissenschaftler haben erforscht, wie bestimmte Musikstücke berühmter Komponisten wie Mozart, Bach und Beethoven auf uns wirken. Von dieser Erkenntnis war es für mich nur noch ein kleiner Schritt hin zu den Planetentönen.

Bereits vor Tausenden von Jahren wusste man um den Rhythmus von Erde, Mond und Planeten und deren Wirkung auf das Leben. Vieles wurde früh im Zustand der Meditation erforscht und durchdrungen. Dieses Wissen stand Eingeweihten zur Verfügung. Wissenschaftler aller Zeiten beschäftigten sich mit der Wirkung von Klang und Schwingung auf uns Menschen.

Ende der 70er Jahre hat Hans Cousto (Schweizer Mathematiker und Musikwissenschaftler) die mathematische Grundlage für die Berechnung der Planetenfrequenzen gelegt. Cousto rechnete die Umlaufbahn der Planeten in Sekunden um und wandte auf das Ergebnis das Gesetz der Oktave an, um diese in einen für uns hörbaren Frequenzbereich zu bringen.
Das Umrechnen in Sekunden ist deswegen wichtig, weil die Töne von Planetenschalen gemessen werden. Die physikalische Einheit ist Hertz oder kurz Hz. Hertz ist die Abkürzung für Anzahl der Schwingungen pro Sekunde.
Der Ton E schwingt zum Beispiel auf 440 Hz, der Tageston, die erdende Schwingung des Erdentages auf 194,18 Hz.

Ob Du Dich nun an den Klangschalen-Systemen Größe, Ton oder Zuordnung der Planetentöne orientierst: Was für Dich passt, musst Du selbst herausfinden.

Ich werde Dir im Folgenden mehrere Rituale vorstellen, die für mich wunderbar wirken. Mir ist klar, dass Du ein ganz besonderer Mensch mit eigenen Neigungen bist. Du wirst Deine eigene Wahrheit finden wollen.

Meine Empfehlung: Lass Dein Herz sprechen. Probiere aus, was für Dich passt, und wende es an. Alle im Folgenden aufgeführten Rituale kannst Du sehr gut mit einer Klangschale Deiner Wahl durchführen. Hauptsache, sie berührt Dich und erreicht Dein Herz.

Ab und an werde ich bei den Ritualen einen kleinen Einblick geben, welche Klangschalen ich verwende. Das ist für Dich nicht bindend – ich mag Dir nur von meiner persönlichen Erfahrung berichten.
Falls Dich das Thema Planetentöne näher interessiert, findest Du im Anhang eine kurz gefasste Auflistung der Planetentöne mit Frequenz und Wirkweise.

Wozu brauchen wir Rituale?

Ein Ritual erinnert uns an bestimmte Dinge, die wir mit ihm verknüpfen. Indem wir gewisse Handlungen immer aufs Neue wiederholen, dringen die dazugehörenden Informationen, Überzeugungen und Denkweisen immer tiefer in unser Unterbewusstsein.
Rituale bewirken in uns eine Veränderung. Meist nicht sofort und gleich, aber dafür stetig. Wir werden uns unserer selbst bewusster, unser Energiefeld kann sich ändern, Prozesse werden ausgelöst, unser Denken und Handeln wird in Bewegung gebracht.

So wie wir jedes Jahr Weihnachten oder Silvester feiern – Feste, die in den meisten Familien sehr rituell veranstaltet werden und mit denen sich viele Gefühle und Gedanken verbinden –, so ist es auch bei unseren alltäglichen Ritualen wie z. B. Zähne putzen, Haare kämmen, immer denselben Weg zur Arbeit wählen, die Tasche immer auf derselben Seite tragen, den Schlüssel immer an dieselbe Stelle legen, nach dem Nachhause kommen zuerst den Briefkasten leeren. Und bei vielen, vielen solcher Gewohnheiten mehr.

Ja, das sind alles Rituale, wenn auch Alltagsrituale. Es sind Vorgehensweisen, die sich bewährt haben. Du brauchst nicht darüber nachdenken, tust es einfach. Der daraus entstandene Automatismus gibt Dir Sicherheit. Wir haben uns so sehr an diese Alltagsrituale gewöhnt, dass wir sie nur noch ausführen, ohne jedes Mal den tieferen Sinn zu hinterfragen.

Die Rituale, um die es hier in diesem Buch geht, geben Halt und bergen in sich etwas Heiliges. Ja, ein solches Ritual heiligt Deinen Raum, Deinen Geist, Dich selbst. Es kann Dich wieder fokussieren, auf das, was wirklich wichtig ist – auf Dich. Es erinnert und es mahnt, es gibt Struktur und es gibt der Freude am Leben Ausdruck.

Natürlich sollte man nicht alles ritualisieren, sondern auch immer wieder überdenken: Warum tue ich das? Ist das noch sinnvoll? Erfüllt es mich mit Lebensfreude – oder ist die Zeit des Rituals abgelaufen?

Und was sollen Klangschalenrituale?

Klangschalen vibrieren und geben Ritualen eine körperliche, spür- und hörbare Energie. Sie machen Rituale und Erfahrungen fassbarer.

Die im Folgenden beschriebenen Rituale können Dir bei vielem helfen:

- Deinen Körper und Deinen Geist zu entspannen
- Dich daran erinnern, dass Du gut für Dich sorgst
- Dir klarmachen, dass Du im Hier und Jetzt lebst
- Dir Deine Ziele, Affirmationen und Vorsätze vergegenwärtigen
- Dich besser auf den Kontakt mit der geistigen Welt einstimmen
- Den Kopf frei zu bekommen
- Ein Element zu finden, das Dich mit Deinem Partner / Deiner Partnerin verbindet
- Dich auf die Meditation vorbereiten
- Energie zu bündeln, zu lenken und gezielt einzusetzen
- Und noch vieles, vieles mehr

Magst Du es ausprobieren?

Auf den folgenden Seiten findest Du ein paar Rituale, die ich für mich selbst ausführe, und die mir schon oft geholfen haben.

Einige Rituale benötigen wenig Deiner Zeit, andere benötigen Ruhe, Stille und Vorbereitung. Wieder andere entstehen durch Dein Tun und Deine eigene Gestaltung. Deshalb wirst Du in diesem Büchlein viele Rituale aufgezeigt bekommen, jedoch gibt es nicht für alle eine „Regieanweisung“. Es ist wichtig, dass Du Deinen inneren Impulsen folgst und tust, was sich für Dich richtig anfühlt.

Lass Dich inspirieren
und finde dabei Deinen Weg.

Atmung

Wie atmest Du? Holst Du immer bewusst Luft und gibst sie wieder von Dir, oder bist Du froh, dass Dein Atem automatisch abläuft, damit Du nicht darüber nachdenken musst, weil Du eh schon mit so vielen Sachen beschäftigt bist?

Beobachte Deinen Atem jeden Tag immer wieder ganz bewusst.

Bist Du eine Flachatmerin oder ein Flachatmer und atmest nur in den Brustkorb oder atmest Du tatsächlich in den Bauch? Bei jeder Einatmung hebt sich der Bauch und bei jeder Ausatmung senkt sich der Bauch. Das ist unsere natürliche Atmung. Wenn es Dir so geht wie der überwiegenden Mehrheit aller erwachsenen Menschen, dann atmest Du eher flach.

Nun gibt es unzählige Atemübungen, um Deine Atmung und Deine Aufmerksamkeit zu schulen – aber wendest Du eine davon regelmäßig an? Oder geht es Dir wie so vielen, die ab und zu im Yoga eine Atemtechnik anwenden, wenn der Yogalehrer es ansagt, aber ansonsten den Aufwand scheuen?

Vielleicht ist ja diese kleine Atemübung etwas für Dich.

Das Ritual

Nimm Dir Zeit und sorge gut für Dich. Du solltest während dieser Zeit möglichst ungestört sein.

Wähle Deine Lieblingsklangschale, die, die Dir am besten tut und spiele sie an.

Atme bei jedem Anschlag bewusst tief in den Bauch ein. Dein Bauch hebt sich. Atme aus, wenn der natürliche Impuls für das Ausatmen kommt. Atme entspannt weiter.

Ist die Schale verklungen, warte bis die nächste Einatmung kommt, und schlage dann wieder an.

Bei einer bewussten Atmung spürst Du, dass die Klangschale in Deinem Körper resoniert.
An welchen Stellen Deines Körpers, wo Du Deine Atmung spürst, kannst Du auch Deine Schale spüren?

Atme und spiele Deine Klangschale für eine Weile an. Nimm Dir dafür eine bestimmte Zeitspanne vor.

Danach spüre Deinem Atem ohne Klang noch eine Weile nach, bevor Du Dich wieder Deinem Alltag widmest.

Du wirst merken, wie Dein Atem immer tiefer wird und Du gut entspannen kannst. Tiefes Atmen bringt dem Körper und dem Geist Entspannung. Er lässt Dich im Jetzt ankommen, lässt Dich das Jetzt spüren.

Ja, tiefes Atmen kann so leicht sein.

Achtsamkeit – der Klang der Klangschale holt mich zurück

Wie oft hörst Du täglich das Wort Achtsamkeit?
Nie? Oft? Sehr oft?
Viele hören es so oft, dass es ihnen schon gar nichts mehr sagt. Aber was ist eigentlich Achtsamkeit?
Achtsamkeit bedeutet für mich, im Hier und Jetzt zu sein. Ich bin bei dem, was ich tue, genau da, wo ich bin – ich bin im Augenblick.

Wie bringst Du Dich wieder in die Achtsamkeit zurück?

Mit Atmen? Es ist ein wunderbares Mittel dazu. Und doch vergessen wir so oft, tief und achtsam zu atmen, im Hier und Jetzt zu sein.

Mir hilft meine kleine Klangschale. Diese steht auf dem Schreibtisch, und ab und an, aus einer Laune heraus oder mit voller Absicht, spiele ich die Schale an. Einfach weil mir ihr Ton gefällt. Ganz nebenbei komme ich aus meinen Gedanken zurück. Die Schale ruft mich zurück. Ich atme tief durch und bin wieder ganz da.

Probiere es aus – das funktioniert nicht nur am Schreibtisch, sondern auch bei anderen Tätigkeiten. Wenn Du diese Schale auch zu anderen Ritualen verwendest, wird sie Dir ein besonders treuer Begleiter in die Achtsamkeit sein.

Eine meiner Kursteilnehmerinnen hat eine Klangschale neben ihrer Garderobe im Flur stehen. Sie hat es sich angewöhnt, jedes Mal, wenn sie ihre Jacke ausgezogen und aufgehängt hat, die Schale anzuschlagen: „Hallo, ich bin wieder da. Hallo, ich bin hier und jetzt da."

Ich empfinde das als ein sehr schönes Ritual, um achtsam wieder zu Hause zu sein. So lässt Du die Dinge, die nicht in Dein Heim gehören, vor der Tür.

Es funktioniert auch in der Schule: Die Kinder werden mit dem Klang der Klangschale erinnert, sich auf den Unterricht zu konzentrieren, eine Arbeit zu beginnen oder abzuschließen, etwas Besonderes zu tun. Faszinierenderweise berichten alle Lehrer, mit denen ich darüber gesprochen habe, einhellig: Es funktioniert, immer und immer wieder. Auch das ist ein Ritual.

Aufmerksamkeitsübung

Bei dieser Aufmerksamkeitsübung reibst Du Deine Klangschale mit einem Holz- oder Lederklöppel an. Meist wirst Du Deine Klangschale anstreicheln. Aber ab und an kann es ganz interessant sein, diese anzureiben.

Das tust Du sehr ruhig, mit Deiner ganzen Aufmerksamkeit und Konzentration. Das Anreiben sollte langsam und mit viel Druck erfolgen. Manchmal ist es hilfreich, zuerst die Schale einmal leicht anzuschlagen und, noch während die Schale klingt, mit dem Reiben zu beginnen. Beim Anreiben sollte die Schale nicht klirren.

Das Anreiben der Schale erfolgt absolut achtsam und Du versuchst, den Klang möglichst lang zu halten. Du solltest dabei den Klöppel parallel zum seitlichen Rand halten und mit gleichmäßigem Druck um die Schale herum kreisen lassen. Schweifen Deine Gedanken ab, so stellt sich sehr schnell ein Klirren ein. Das ist unangenehm – aber es reißt Dich wieder aus den Gedanken heraus. So kannst Du durch das Anreiben feststellen, ob Du wirklich hier in der Gegenwart bist.

Versuche beim Reiben der Schale einen tiefen, pulsierenden Klang zu entlocken. Treibst Du den Ton immer höher, könntest Du selbst oder könnten auch Zuhörer Kopfweh bekommen.

Wenn Du versuchst, den durch Anreiben erzeugten tiefen, pulsierenden Ton eine Weile lang zu halten, bekommt diese Übung einen sehr meditativen Charakter. Du kannst dabei gut erkennen, wie lange oder wie kurz Du die eigene Konzentration halten kannst.

Ich reibe Klangschalen meistens nur zu Demonstrationszwecken an, oder nur für mich. In Klangsessions mit anderen Menschen wende ich das Reiben nicht an.

Gefühle wahrnehmen

Ist Dir das schon mal passiert? Du glaubst, ganz ausgeglichen zu sein, und dann sagt Dir Dein Partner, ein Freund oder eine Freundin oder sogar eine Dir nicht so nah stehende Person: Mensch, Du bist heute aber schlecht drauf. Deine Reaktion: Du explodierst, weil das ja gar nicht sein kann. Irgendwann im Nachhinein ist es Dir dann auch aufgefallen – Du bist wirklich schlecht drauf. Aber aus lauter Unachtsamkeit, weil Du so eingebunden in den Alltag warst oder weil Du einfach gute Laune haben wolltest, wo keine war – aus diesen Gründen war Dir überhaupt nicht bewusst, wie Du dich wirklich fühlst.

Willst Du wissen, wie Du Dich fühlst?

Deine Klangschale zeigt Dir, was mit Dir los ist.
Wie macht sie das?

Schlage Deine Schale an und höre auf den Ton. Bist Du wirklich ausgeglichen, klingt und resoniert die Schale harmonisch. Oder ist da eher ein Misston?

Ist Dein Anschlag sanft und freundlich oder verschlägst Du Dich immer wieder, hämmerst auf die Schale aufgebracht ein? Mit dem Anspiel einer Klangschale kann es Dir schnell auffallen.

Und dann? Ändere es!

Schau hin und erkenne, was Dich nicht in Deiner Mitte sein lässt. Atme ein paar Mal tief durch und versuche, die Klangschale sanft anzuspielen. Behandle sie genauso, wie Du selbst behandelt werden möchtest: achtsam, respekt- und liebevoll.

Du wirst sehen, nach ein paar Anschlägen wird der Klang wieder gleichmäßig und harmonisch. Und wenn Du manchmal ein paar Anschläge mehr benötigst – wirf nicht gleich den Klöppel und die Schale in die Ecke. Kürzer oder länger ist relativ. Der Unterschied liegt im Auge des Betrachters und in unserer Ungeduld. Frage Dich eher: Was soll ich lernen? Was wirft mich so aus der Bahn?

Lass den Klang und die Schwingung auf Dich wirken.

Lass Dich in den Bann ziehen und spiele so, wie es Dir wirklich guttut.

Du wirst fühlen: Mit jedem Anschlag wird Dein Atem wieder tiefer und ruhiger, und letztendlich kannst Du wieder klarer sehen. Lass Dich von Deinem Herz leiten und sei dankbar für die Chance, achtsamer mit Dir selbst durch Deinen Tag zu gehen.

Nach einem langen Tag im Feierabend ankommen

Dein Tag war lang oder Du brauchst zwischendurch mal eine Pause? Mir hilft es an solchen Tagen, bewusst Klangschalen zu spielen.

Ich ziehe mich dadurch für einige Momente zurück und komme wieder bei mir an. Durch die sanften Klänge und Schwingungen wird mein Körper entspannt, die Atmung kann wieder tiefer fließen und mein Geist kommt zur Ruhe.

Manchmal spiele ich als Erstes, wenn ich zu Hause ankomme, Klangschalen. So kann ich den Stress loslassen und wirklich zu Hause ankommen. Ich lasse alle Geschichten, die ich gehört habe, und alles, wo ich meine Nase reingesteckt habe, mit jedem Anschlag, mit jedem Klang gehen. So habe ich es mir angewöhnt, um die meisten Dinge abzugeben und zu Hause für meine Lieben da zu sein.

Nach einem langen Tag in meinem Yogazentrum spiele ich schon Klangschalen, bevor ich nach Hause fahre. Damit kann ich vieles von dem Emotionalen des Tages dort lassen. Ich schleppe Berufliches nicht mit nach

Hause und kann dort freier in meinem Gedanken und meinem Geist sein.

Das Ritual

Nimm Dir Zeit und sorge gut für Dich. Du solltest während dieser Zeit ungestört sein. Vielleicht magst Du eine Kerze für Dich anzünden.

Atme ein paar Mal tief ein und aus.

Spiele sanft die Klangschale oder auch mehrere Klangschalen. Mit jedem Ton lass aus Deinem Herzen alle Begebenheiten fließen. Hole Deine Energie zu Dir zurück und gib vor allem die Energie all der anderen, die Dir heute begegnet sind, mit denen Du zu tun hattest, in deren Angelegenheiten Du Dich eingemischt hast, zurück.

Spiele so lange, wie es Dir gefällt.

Wenn Du das Gefühl hast, es ist genug, lass die Schale(n) ausklingen. Halte sie nicht an.

Verweile noch ein paar tiefe Atemzüge in der Stille.

Danach lösche die Kerze, atme ein paar Mal tief ein und aus und kehre mit Deiner ganzen Aufmerksamkeit wieder ins Hier und Jetzt zurück.

Es kann vorkommen, dass es nicht ausreicht, dieses Ritual nur nach dem Nachhause kommen auszuführen. Das merke ich daran, wie es in mir weiterarbeitet, sobald ich meine Alltagstätigkeiten zu Hause erledige.

Dann gönne ich mir selbst die Zeit, das Ritual vor dem Schlafengehen noch einmal auszuführen.
Schließlich ist es nur fair, den anderen Menschen, die meinen Tag bewusst oder unbewusst begleitet haben, ihre Energie zurückzugeben und auch mir meine Energie wieder zurückzuholen.

Danach schlafe ich sanft wie ein Baby.

Kurzentspannung im Alltag

Nimm Dir Zeit für Dich selbst und spiele Deine Klangschale einfach so. Ohne Absicht, ohne Wollen. Genieße, was Du tust. Du wirst schnell feststellen, dass Du wieder tiefer durchatmen, Dich besser spüren und vom Alltag abschalten kannst. Nutze diese kleine Oase für zwischendurch.

Du kannst Deine Klangschale vor Dich hinstellen und anspielen.
Um die Vibration der Schale intensiver wahrzunehmen, halte Deine Schale auf der Hand und spiele sie dann sanft an. Ein wohliges Kribbeln wird Deine Hand und Deinen Arm durchströmen.

Am einfachsten ist es, die Schale auf der einen Hand zu halten – dabei sollte der Handteller ganz flach sein, kein Finger darf die Außenwände der Klangschale berühren – und die Schale sanft mit dem Klöppel in der anderen Hand anzuspielen. Du kannst die Klangschale auch auf die Fingerkuppen einer Hand stellen. Die Hand wird dann so gehalten, als wäre sie ein Blumenkelch. Ich persönlich bevorzuge die flache Hand.

Entspannung durch Aufstellen der Klangschale auf den Körper

Entspannung kannst Du auch erfahren, wenn Du Dir eine Klangschale auf den Körper stellst und sie sanft anspielst.

Wie das geht?

Du kannst Deine Klangschale zum Beispiel auf den Bauch stellen und sie durch einen angenehmen Anschlag sanft vibrieren lassen. Und was auf dem Bauch geht, das geht auch auf anderen Körperteilen. Probiere es aus, es ist einfacher, als Du vielleicht denkst.
Deine Schale sollte für diese Übung so groß sein, dass Du ihre Schwingung gut wahrnehmen kannst. Handtellergroße Schalen sind meist nicht so geeignet, da ihre Schwingung schnell „verschluckt" wird.

Wichtig ist nur, dass Du Dich selbst so behandelst, als würdest Du für jemanden anderen spielen: also achtsam, sanft, respektvoll und liebevoll.

Ritual für die Badewanne, um besser zu entspannen

Nimm Deine Klangschale mit in die Badewanne. Sie schwimmt, wenn Du sie nicht mit Wasser füllst.

Geh vorsichtig mit dem Klöppel um, Filz oder Leder sollten nicht nass werden, das schadet dem Klöppel.

Schlage Deine Klangschale sanft an, während Du im Wasser liegst.

Die Schale klingt leise und beruhigend, das Wasser nimmt die Vibration der Klangschale auf, kleine Wellen werden sichtbar, und Dein Körper wird durch die Vibration und die leichten Wellen ganz sanft massiert. Das klingt nicht nur wunderbar, das ist es auch.

Exkurs Planetenklangschalen

Du kannst jede Klangschale für Dein Bad verwenden.

Doch für den Extrakick Muskelentspannung empfehle ich eine Merkur-Klangschale. Die Muskulatur wird dadurch besonders locker.

In der Klangmassage wird Merkur optimalerweise im Schulter-Nacken-Bereich eingesetzt. Dies bewirkt körperlich, dass sich dieser Bereich besonders gut entspannen kann.

Auch im Wasser werden Schulter und Nacken sanft massiert – und nicht nur das: Die gesamte Muskulatur wird weicher, und kleinere Verspannungen können sich lösen.

Erdung

Sehr oft sind wir in unserem Alltag so eingespannt, dass wir nicht mehr das Gefühl haben, im Hier und Jetzt zu sein. Geht es Dir manchmal auch so?
Die beste Art und Weise, wieder ganz da zu sein, ist erden.

Lebst Du in der Natur oder Du hast einen Garten, dann ist das kein Problem. Doch Stadtbewohner tun sich oft schwer. Kein Stück Fläche, auf dem ich mal fix barfuß laufen oder die Erde spüren kann. Und die Erde meiner Topfpflanzen zu berühren, das ist mir doch zu umständlich.

Mir hilft, wenn ich nicht raus kann, neben bestimmten Körperübungen auch die Erdung durch eine Klangschale. Am liebsten stelle ich mich hinein. Dafür gibt es extragroße Klangschalen. Mit beiden Füßen in so einer riesigen Schale zu stehen und die Vibration an den Füßen und mit ein paar Anschlägen im ganzen Körper zu spüren ist phantastisch.

Du sagst mir jetzt bestimmt: „Aber so eine große Schale habe ich nicht."

Dennoch kannst Du etwas tun. Ist Deine Schale groß genug, dass ein Fuß hineinpasst, stelle erst den einen Fuß hinein und spiele an. Wiederhole das Ganze danach mit dem anderen Fuß. Wichtig ist, dass Du beide Füße gleich oft und gleich lang bespielst.
Und es gibt noch eine weitere Möglichkeit: Setz Dich bequem hin. Wenn es Dir möglich ist, bringe Deine Fußsohlen aneinander. Stelle Deine Klangschale auf Deine Füße vor Dir und spiele die Schale an. Das funktioniert auch, wenn beide Füße eng nebeneinanderstehen.

Probiere aus, was Dir guttut. Für mich ist dieses Ritual eine schöne Alternative, mich schnell wieder zu erden, wenn nur Betonboden um mich herum ist und meine Vorstellung eines Wiesenbodens vor lauter Gefangensein im Alltagstrubel mal wieder nicht ausreicht.

Exkurs Planetenklangschalen

Damit die Vibration mich tatsächlich erdet, nehme ich gerne eine Schale mit der Frequenz des Tagestons.

Zentrierung

Kennst Du dieses unangenehme Gefühl in der Magengegend? Es ballt sich zusammen. Da sitzt gerade so ein Stein, ein verworrener Knoten oder es verkrampft sich alles. Aber Du weißt, Du hast nichts Falsches gegessen. Das Gefühl lässt Dich nicht los, aber Du kannst es nicht wirklich benennen.

Was hilft in einem solchen Moment?

Hinspüren, Hinatmen, Nachforschen. Klar. Aber ab und an fällt das doch arg schwer.

Ich stelle mir eine Klangschale auf den Bauch und spiele diese an. Die Vibration der Schale beschwingt meinen Solarplexusbereich. Was sich da gebündelt hatte, kommt wieder zum Fließen und das körperliche Empfinden überträgt sich auch auf meine Gefühlswelt.
Oft wird mir dann bewusst, was mir da im Magen liegt – und ich kann es anpacken, ändern, bewusst damit umgehen. Häufig geht das Gefühl des Unwohlseins, der Verkrampfung auch einfach, ohne sich zu zeigen. Manchmal war es gar nicht meine Energie, die sich da festgesetzt hatte, sondern etwas, das auf mich projiziert wurde. Etwas, das in meinem Energiefeld kam, ohne dass es meins war.

Diese Art der Zentrierung funktioniert bei mir fast immer. Doch sie braucht auch immer wieder ihre Zeit. Erwarte nicht, dass mit einmal oder dreimal anschlagen schon wieder alles gut ist. Auch diese Zentrierung braucht etwas Geduld.

Das Ritual

Nimm Dir Zeit und sorge gut für Dich. Während dieser Zeit ist es empfehlenswert, ungestört zu sein.

Wähle Deine Lieblingsklangschale, diejenige, die Dir am besten tut.

Lege Dich mit dem Rücken auf den Boden, in ein Bett oder auf ein Sofa. Stelle die Klangschale auf Deinen Solarplexusbereich.

Schlage die Schale sanft mit dem passenden Klöppel an. Ein oder zwei Finger der Hand, die keinen Klöppel führt, können die Schale, wenn sie sehr weit unten in der Nähe des Schalenbodens berührt wird, stabilisieren, damit sie nicht wegrutschen kann.

Erspüre die Schwingung in Deinem Körper.

Du kannst die Schale ausschwingen lassen und später erneut anschlagen. Oder Du findest einen Rhythmus, in dem Du die noch schwingende Schale weiter sanft anspielst. Dabei ist eine gleichmäßige, spürbare und anhaltende Vibration hilfreich.

Achte darauf, wie sich Dein Solarplexusbereich anfühlt. Welche Gedanken und Gefühle steigen in Dir auf?
Es ist auch okay, wenn sich da nichts zeigt. Erzwinge nichts. Jeder von uns erlebt es anders. Es gibt da kein Richtig oder Falsch. Lass Dich von Deiner Intuition leiten.

Und vergiss das Atmen nicht.

Wenn es sich für Dich richtig anfühlt, höre auf, die Klangschale zu spielen. Bevor Du in Deinen Alltag zurückkehrst, spüre noch für eine Weile zu Deinem Sonnengeflecht und Deinem Atem hin.

Exkurs Planetenklangschalen

Ich persönlich verwende für diese kleine Übung sehr gern eine Sonnentonschale.
Sonne zentriert, öffnet, stärkt mein ICH und meine Lebenskräfte.

Doch Achtung: Spät am Abend ist der Sonnenton nicht empfehlenswert. Da die Sonnenfrequenz viel Energie freisetzt, kann es sein, dass das Einschlafen schwerer fällt. Kein Problem, wenn Du noch etwas vorhast – aber wenn Du Deinen Nachtschlaf brauchst, achte darauf, dass Du dieses Ritual mit einer Sonnenschale höchstens drei Stunden vor dem Zubettgehen durchführst.

Wenn ich das Bedürfnis habe, diese Übung kurz vor dem Schlafengehen anzuwenden, nehme ich eine Alpha- oder Thetawellenklangschale.

Engelritual

Du glaubst an Engel? Du weißt, dass Du einen Schutzengel hast? Viele von uns haben sogar mehrere.

Sprichst Du regelmäßig mit Deinem Schutzengel? Dankst Du ihm? Und damit meine ich nicht nur nach gefährlichen Situationen, sondern immer wieder.
Jeden Tag.

Wie wäre es, wenn Du Deinen Schutzengel und alle anderen Engel und gütigen Wesen um Dich herum einlädst und nur für sie Deine schönste Klangschale spielst? Mehrere Klangschalen zu spielen geht natürlich auch.

Das Ritual

Nimm Dir Zeit und sorge gut für Dich. Du solltest während dieser Zeit mit Deinem Engel ungestört sein. Vielleicht magst Du eine Kerze für Dich und Deinen Engel entzünden.

Atme ein paar Mal tief ein und aus.

Du kannst Deinen Schutzengel direkt ansprechen und ihm sagen: Ich danke Dir, dass Du immer für mich da bist, auch wenn ich es nicht immer wahrnehme.
Danke für Deinen Schutz und Deine Hilfe im Alltag wie in brenzligen Situationen.

Heute möchte ich Dir ein paar Klänge spielen. Als Dankeschön. Ich bin so froh, dass Du mich immer begleitest.

Spiele nun Deine Klangschale oder auch mehrere. Gib Dich ganz dem Klangschalenspiel hin. Deinem Engel gefällt es, wenn Du sanft und weich spielst. Er hört den Klang. Die Vibration erfüllt die Luft und umgibt Euch beide. Ein heiliger Raum kann entstehen.

Spiele so lange, wie es Dir gefällt. Wenn Du das Gefühl hast, es ist genug, lass die Schale ausklingen. Halte sie nicht an.

Verweile noch ein paar tiefe Atemzüge in der Stille, in tiefer Verbundenheit mit Deinem Engel.

Danach lösche die Kerze, atme ein paar Mal tief ein und aus und kehre mit Deiner ganzen Aufmerksamkeit wieder ins Hier und Jetzt zurück.

Dieses Ritual kannst Du an besonderen Tagen ausführen, z. B. an Engeltagen, oder einfach immer, wenn Dir danach ist.
Du wirst spüren, dass die Verbindung zwischen Dir und Deinem Engel enger wird. Du wirst die kleinen Signale Deines Engels deutlicher wahrnehmen, einfach weil Du Dich mehr und mehr auf ihn einstimmst. Dein Engel wird Dir nie vorschreiben, was Du zu tun oder zu lassen hast, aber er wird Dich durch verschiedenste Zeichen warnen.

Je öfter Du Dich auf ihn einstimmst, desto öfter wirst Du seine Präsenz auch im Alltag spüren – und Dich entscheiden können, was Du tust. Denn Dein Engel will Dir helfen, wird aber nie, niemals Deinen freien Willen beeinflussen.

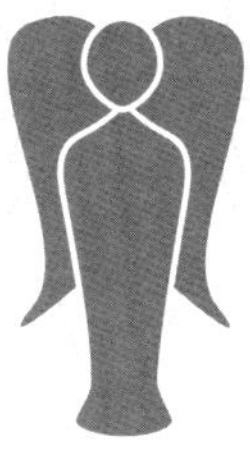

Inneren Frieden finden

Jeden Tag, wenn Du die Nachrichten anschaltest, erfährst Du von Krieg, Terror, Anschlägen, Streit überall in der Welt. Auch in der Nachbarschaft, in der Arbeit, fast überall werden nur ungute Neuigkeiten verbreitet. Gute Nachrichten? Fast immer Fehlanzeige.

All der Krieg, der Hass und die Streitereien beginnen in jedem von uns selbst. Oft wird das Innere nach außen getragen. Unabsichtlich natürlich. Um von sich selbst abzulenken. Schuld sind immer die anderen. Unschuldige, Unbeteiligte werden hineingezogen und dies zieht immer weitere Kreise.

Wir können etwas dagegensetzen. Die Kriege und den Terror in der Welt können wir nicht beenden. Es sei denn, Du bist Politikerin oder Politiker.
Aber wir können da anfangen, wo wir stehen, um Frieden in uns selbst, in unsere Familien, in den Freundeskreis, unseren Ort und Mutter Erde einkehren zu lassen. Denn der Frieden beginnt immer in uns selbst. Und so können wir sehr wohl viel für den Frieden in der Welt tun. Wie ich das tue?
Ich jammere nicht über all das Leid und den Unfrieden, sondern frage mich: Wo bin ich heute unzufrieden?
Wo war ich heute unfreundlich, ärgerlich oder ungerecht?

Dann entschuldige ich mich. Wenn ich allein bin, spreche ich es aus, wenn nicht, sage ich es in Gedanken. Und danach spiele ich meine Klangschalen. Für alle die, die ich am heutigen Tag bewusst oder unbewusst verletzt habe, für meine Familie, meine Freunde, für meine Stadt, für alle Menschen auf der Flucht, für die, die unter Unfrieden leiden, und für all jene, die ihn beenden könnten.

Die Klänge sind sanft und ruhig, mit ihnen verströme ich Gedanken des Friedens, der Freundschaft und der Liebe. Mögen alle Wesen glücklich sein. Mögen alle Wesen Frieden finden.

Das Ritual

Nimm Dir Zeit und sorge gut für Dich. Du solltest während dieser Zeit ungestört sein. Vielleicht magst Du eine Kerze entzünden.

Stelle Dir die Menschen, Wesen, Tiere, Pflanzen vor, wie sie in Harmonie und Frieden zusammenleben. Vielleicht magst Du mein Bild, welches zugegebenermaßen etwas kitschig wirkt, dennoch: das Bild von einer Wiese, auf der alle friedvoll vereint sind und miteinander reden, spielen, tanzen, egal welche Hautfarbe sie

haben, welcher Religion sie angehören, aus welchem Teil der Erde sie kommen. Alle harmonisch vereint mit ganz viel Freude und Liebe für- und miteinander.
Wenn dieses Bild oder ein anderes in Dir entstanden ist, spiele die Klangschalen sanft und voller Achtsamkeit.

Sende die Gefühle von Harmonie, Frieden, Freundschaft und Liebe in die Welt. Die guten Gedanken, die harmonischen Töne und die Vibration werden sich immer weiter und weiter ausbreiten. Auch wenn der Ton für unser Ohr nicht mehr hörbar ist, so ist die Schwingung doch da und verbreitet sich wie eine Welle immer weiter und weiter. Und erreicht schließlich jedermanns Herz.

Höre nach einer Weile auf, Klangschalen zu spielen, und fühle den Frieden in Dir.

Danach lösche die Kerze, atme ein paar Mal tief ein und aus und kehre mit Deiner ganzen Aufmerksamkeit wieder ins Hier und Jetzt zurück.

Du darfst gerne denken, ich sei naiv. Probiere es aus. Dieses Ritual zaubert Frieden in Dein Herz. Und wenn Du Frieden ausstrahlst, überträgt sich das auf Dein Umfeld und von da aus immer weiter und weiter.

Klänge an Familie und Freunde schicken

So, wie Du Frieden in die ganze Welt aussenden kannst, so kannst Du auch gezielt gute Schwingungen der Vergebung, der Liebe, des Friedens, der Dankbarkeit und der Heilung an Deine Liebsten senden.

Wie oft stehen wir hilflos da, wenn wir hören, dass es jemandem nicht gut geht. Meist wissen wir nicht, was wir tun können.

Mir hilft es dann, dass ich für die betreffende Person Klangschalen spiele. Manchmal ist die Person dabei, oft jedoch geht es nicht, weil jemand im Krankenhaus liegt, auf Dienstreise ist, am anderen Ende der Welt lebt. Auch wenn ich die Person sehr mag, habe ich doch gerade keinen Kontakt. Dann kann ich trotzdem für sie da sein. Ich stimme mich auf sie ein und sende ihr meine Liebe, Gedanken der Heilung und des Segens in Form des Mantras: Möge das Bestmögliche für Dich geschehen.

Warum dieses Mantra? Weil ich nicht weiß, was für diesen Menschen das Bestmögliche ist. Weil ich nicht weiß, wie für ihn Heilung aussieht, und was er wirklich braucht.

Die sanften Schwingungen, die Du mit diesem Ritual versendest, werden den jeweiligen Empfänger erreichen.

Das Ritual

Nimm Dir Zeit und sorge gut für Dich. Du solltest während dieser Zeit ungestört sein. Vielleicht magst Du eine Kerze entzünden.

Stelle Dir die Person vor, so, wie Du sie vielleicht in Erinnerung hast oder von einem Foto her kennst.

Spiele sanft Deine Klangschalen für diese Person. Immer mit der Absicht: Ich bin jetzt für Dich da. Du bist nicht allein. Möge das Bestmögliche für Dich geschehen.

Nach einer Weile – Dein Gefühl wird Dich leiten – lass die Klangschalen ausklingen und spüre noch ein wenig nach.

Danach lösche die Kerze, atme ein paar Mal tief ein und aus und kehre mit Deiner ganzen Aufmerksamkeit wieder ins Hier und Jetzt zurück.

Schon oft kam es vor, dass mir eine kurze Zeit später genau diese Person über den Weg lief oder ich einen Anruf oder eine E-Mail erhielt mit der Botschaft: Du, ich hatte das Gefühl ich solle mich mal wieder bei Dir melden.

Doch wundere Dich nicht, dass auch Bitten an Dich herangetragen werden könnten. Du kannst nicht auf der einen Seite signalisieren: Dein Wohl liegt mir am Herzen – aber im Alltag willst Du dann nichts dafür tun.

Pflanzen bespielen

Pflanzen mögen Klänge. Das hat auch die Wissenschaft festgestellt. Bei klassischer Musik wachsen Pflanzen besser als bei Hardrock-Klängen.

Meinst Du, sanfte, harmonische Klänge und Schwingungen Deiner Lieblingsschale verbunden mit Deiner liebevollen Aufmerksamkeit können das Wachstum Deiner Pflanzen beeinflussen?
Ich bin davon überzeugt. Vielleicht überzeugt Dich diese wahre Geschichte: Prof. Berendt erforschte mit seinen Studenten die Wirkung der Urtöne. In einem Experiment ließ er die Studenten Geranien mit dem Sonnenton beschallen. Die Wirkung war verblüffend: Die Geranien blühten im Winter.

Warum soll das nicht auch für Deine Pflanzen gelten?
In meinem Yogazentrum habe ich es selbst ausprobiert. Einen bestimmten Ton habe ich dazu nicht verwendet.

Wir haben an den Fenstern Orchideen stehen. Sie stehen an der Westseite, das bekommt diesen Pflanzen ohnehin gut. Gegossen werden sie recht spartanisch: einmal die Woche oder eben nach Bedarf.
Orchideengärtner werden jetzt die Hände über dem Kopf zusammenschlagen.

Denn laut den Fachleuten müssen diese wunderbaren Blühpflanzen regelmäßig gedüngt werden und am besten ein bis zwei Mal die Woche mit abgekochtem Wasser gegossen werden. Das überfließende Wasser sollte auf keinem Fall im Topf stehen bleiben. Wir halten uns aber an nichts dergleichen. Wasser aus dem Wasserhahn tut einen wunderbaren Dienst.

Und was ist nun das Besondere an unseren Orchideen? Sie blühen und blühen und blühen – fast ununterbrochen. Fast jeder Teilnehmer fragt: Wie machst Du das?

Es gibt einen einfachen Trick: Die Pflanzen bekommen sehr oft Klänge der Klangschalen ab. Da in fast jeder Yogastunde bei mir Klangschalen eingesetzt werden und oft Klangmeditationen und Klangschalenausbildungen stattfinden, sind die Klänge und Vibrationen immer und immer wieder im ganzen Raum. Das gefällt den Orchideen.
In unserem Abstellraum – auch mit Westseitenfenster – gedeihen die Orchideen nicht so gut. Stelle ich die Pflanzen in den Raum, in dem Klangschalen gespielt werden, dann wachsen und blühen sie innerhalb kürzester Zeit prächtig. Stimme ich mich auf die Pflanzen ein, geht es sogar noch viel schneller.

Wie wäre es, wenn Du es testest? Wobei ich Dir gleich sagen muss: Einmaliges Bespielen reicht nicht aus. Es sollte schon regelmäßig sein.

Das Ritual

Nimm Dir Zeit und sorge gut für Dich. Du solltest während dieser Zeit mit Deinen Pflanzen ungestört sein.

Stimme Dich auf Deine Pflanze oder auf mehrere Pflanzen ein. Gib ihnen die Botschaft: Diese Klänge sind für Euch.

Wähle die Klangschalen aus, die Dich am meisten anziehen, und spiele diese Schalen mit einem sanften Anschlag und einem ruhigen Rhythmus an.
Genieße Dein Klangschalenspiel auch selbst.

Spiele die Klangschalen, solange es sich für Dich richtig anfühlt. Danach beende Dein Konzert und bleibe noch eine kleine Weile in der Stille und in Gedanken bei Deinen Pflanzen.

Deine Pflanzen werden es Dir mit gutem Wachstum und, wenn es Blühpflanzen sind, auch mit einer reichen

Blütenpracht danken. Und ganz nebenbei wirst auch Du von den Schwingungen und Klängen berührt.

Bitte beachte: Das Klangschalenspiel für Deine Pflanzen ersetzt nicht all die anderen Pflegemaßnahmen, die für sie zum Wachsen und Gedeihen wichtig sind. Also – Gießen nicht vergessen.

Meditation – der Klang öffnet die Stille

Du meditierst regelmäßig? Prima. Auch hier kannst Du Deine Klangschale wunderbar einsetzen.

Wie das geht? Ganz einfach. Wenn Du beginnst, spielst Du Deine Klangschale an. Der Klang öffnet die Stille. Die Schale verklingt und Du kannst immer tiefer in Dich spüren. Lausche dem Klang Deiner Schale, lausche nach dem Verklingen Deinem inneren Klang.

Wenn Du Deine Meditation beendest, lässt Du ebenfalls Deine Klangschale erklingen, um Dich wieder ganz achtsam im Hier und Jetzt sein zu lassen.

Der Ton der Klangschale öffnet und schließt Deine Meditation und gibt ihr einen Rahmen. In formellen Meditationssitzungen, vor allem bei buddhistischen Übungen und bei Achtsamkeitsmeditationen, wird dies oft angewendet: Ein Mal anschlagen eröffnet die Meditationssitzung, zwei Mal anschlagen zeigt an, dass es Zeit ist für die Gehmeditation, bei dreimaligem Anschlegeln ist die Meditationssession beendet.

Eine andere Möglichkeit ist eine geführte Meditation. Diese kannst Du für Dich selbst, jedoch nicht selbst ausführen. Es benötigt jemanden, der Dich in die Meditation begleitet und die Schalen für Dich anspielt. Deshalb werde ich hier nicht weiter darauf eingehen.

Wenn Du eine geführte Klangmeditation erleben möchtest, empfehle ich Dir eine Gruppe oder einen Ort zu suchen, an dem eine Klangmeditation angeboten wird.

Geführte Klangmeditationen empfinde ich immer wieder als etwas sehr Heilsames. Und gemeinsames Meditieren bündelt enorme Energien.

Selbstliebe

Du denkst den ganzen Tag an andere – aber Dich selbst vergisst Du dabei. Nun ist es an der Zeit, dass Du Dich auch Dir selbst widmest. Dich liebevoll Dir selbst zuwendest. Nur wenn Du Dich selbst liebst, kannst Du andere lieben. Diesen Satz kennst Du gut, Du hast ihn schon oft gelesen und gehört. Doch was tust Du für Dich?

Für andere Klangschalen spielen, anderen liebevolle und heilsame Klänge senden – ja, das ist wunderbar. Und natürlich bekommst auch Du selbst eine Menge Schwingung mit ab. Dennoch: Lass Deine Absicht ruhig auch ein wenig bei Dir selbst ruhen. Es tut gut, sich selbst sanft zu wiegen und wieder zu wissen:

„Ich liebe mich. Ich sorge gut für mich. Ich bin der wichtigste Mensch in meinem Leben."

So bespiele Dich selbst liebevoll mit Deiner Lieblingsklangschale. Lass die Schwingung und den Klang tief in Dich eindringen, Dich durchweben und durchströmen.

Das Ritual

Nimm Dir Zeit und sorge gut für Dich. Du solltest während dieser Zeit ungestört sein. Vielleicht magst Du eine Kerze entzünden.

Du suchst Dir Deine momentane Lieblingsschale aus.

Spiele sanft Deine Klangschalen für Dich selbst. Immer mit der Absicht: Ich bin jetzt für mich selbst da. Ich erlaube es mir, für mich selbst da zu sein. Jetzt ist meine Zeit für mich. Ich sorge gut für mich.

Spiele Deine Klangschale so, dass Du Dich mit dem Klang, der Vibration und Dir selbst wohl fühlst.

Wenn Du Dich nun ganz wohl mit Dir und Deinem Klangschalenspiel fühlst, so gib Dir das Versprechen: Ich liebe mich. Ich sorge gut für mich. Ich bin der wichtigste Mensch in meinem Leben.

Gern kannst Du Deine eigenen Worte verwenden.
Fühle Dein Versprechen an Dich selbst. Lass Dich ganz tief davon in Deinem Herzen berühren.
Danach lasse Deine Klangschale ausklingen, lösche die Kerze und bleibe weiter in diesem liebevollen Gefühl der Annahme für Dich selbst.

Lasse es Nachschwingen in Dir und kehre dann gestärkt in Deinen Alltag zurück

Nimm Dir jeden Tag fünf Minuten nur für Dich. Du wirst merken, wie schnell Du regenerierst, wie Du Dich wieder wohler mit Dir fühlst. Du wirst für alle anderen Anforderungen des Lebens gerüstet sein.

Manchmal braucht es eine Weile, sich auf sich selbst einzustimmen. Mach Dir keine Gedanken. Das ist normal. Den ganzen Tag sorgen wir für andere, sind für sie da, kümmern uns – und dann ist Zeit nur für mich? Gönne Deinem Verstand etwas Zeit die Gedanken zur Ruhe zu bringen. Mit der Zeit fällt es leichter Dein Herz für Dich zu öffnen. Spiele einfach weiter Deine Lieblingsschale und erlaube Dir diesen Moment. Alles andere wird geschehen. Und je öfter Du dieses Ritual für Dich ausführst, umso eher gelingt es Dir, Dich auf Dich selbst einzulassen, für Dich selbst da zu sein.

Liebevolle Worte zu sich selbst zu sprechen fällt oft nicht leicht. Die eigene innere Kommunikation hört sich oft ganz anders an. Gerade dann ist es wichtig, dass Du gut zu Dir bist. Finde Deine eigenen liebevollen Worte für Dich. Es fällt Dir schwer *Ich liebe mich* zu sagen? Dann beginne mit *Ich mag mich* oder mit *Ich respektiere mich.*

Ich liebe mich

Affirmationen verstärken

Du verwendest Affirmationen, um Dich zu stärken und Dich im Alltag zu fokussieren? Dann kann Dir auch hier Deine Klangschale wertvolle Unterstützung mit ihrer Schwingung geben.

Eine Affirmation ist eine lebensbejahende, positiv formulierte Aussage. Sie ist möglichst auf Dich selbst bezogen. Affirmationen werden so oft wiederholt, dass sie unsere Gedanken umprogrammieren. Du spürst nach einer Weile, dass sie wahr werden.

Beispiele für solche Glaubensätze sind z. B.: „Ich vertraue dem Leben." „Ich gehe meinen Weg mit Mut, Kraft und Vertrauen." „Mit jedem Tag geht es mir in jeder Hinsicht besser und besser." „Ich bin wichtig."

Affirmationen können unsere Heilung unterstützen und beruhen auf der Kraft unserer Gedanken. Wenn Du Affirmationen benutzt, stehst Du in einem ständigen Dialog mit Dir selbst. Die Wirkung der Glaubenssätze geschieht nicht nur über die Worte und über den Verstand, sondern vor allem über Dein Gefühl und Dein Unterbewusstsein.

Und genau da kann Dich das Klangschalenritual besonders unterstützen. Du sprichst Deine Affirmation, fühlst die Schwingung und lässt Dich immer tiefer darauf ein. So kannst Du Dein Unterbewusstsein bestmöglich stärken.

Wichtig: versuche nicht alle Affirmationen dieser Welt gleichzeitig zu verwenden. Wähle eine Affirmation für Deine Situation. Mit diesem einen Leitgedanken gehe in das Ritual. Wenn Du das Ritual öfter ausführst, Deinen Leitsatz oft affirmierst, wirst Du feststellen, dass er sich erfüllt. Erst dann gehe zur nächsten Affirmation über. Alles andere überfordert und bringt nur Verwirrung, so dass sich letztendlich gar nichts zum Guten hin ändert.

Das Ritual

Nimm Dir Zeit und sorge gut für Dich. Du solltest während dieser Zeit ungestört sein. Vielleicht magst Du eine Kerze entzünden.

Atme ein paar Mal tief ein und aus. Denke an Deine Affirmation.

Danach spiele sanft die ausgewählte Klangschale für Dich. Versuche dabei, Dich ganz auf den Klang, die Schwingung der Schale und auf Dich selbst einzulassen. Nun schlage bewusst Deine Klangschale an und wiederhole mit jedem Anschlag Deine Affirmation.

Erst wenn die Schale ausgeschwungen und ausgeklungen ist, schlage erneut an und wiederhole Deine Affirmation. Spüre und fühle während des Ausklingens Deinem Leitsatz nach. Wenn Du in Dir spürst, dass Widerstand hochkommt, atme diesen bewusst aus und kehre zur positiven Affirmation zurück.

Als Empfehlung: Spiele Deine Schale an und sprich Deine Affirmation laut aus. Tue dies drei Mal.
Nun wiederhole Deine Affirmation bei den nächsten drei sanften Anschlägen im Geiste.

Danach lass Dir noch einen Moment Zeit, um die Stille um Dich herum zu genießen. So kann die Affirmation noch tiefer in Dein Bewusstsein sinken.

Wenn es sich richtig für Dich anfühlt, kehre ins Tagesbewusstsein zurück.

Wenn möglich, wiederhole dieses Ritual am Morgen und am Abend.

Du wirst sehr bald die tiefgehende Wirkung in Deinem Leben erfahren. Doch sei nicht zu ungeduldig. Abhängig vom Thema und von der Intensität, mit der Du Deine Affirmation anwendest, kann es zwischen 30 und 90 Tagen dauern, bis sich Deine Affirmation verinnerlicht hat.

Exkurs Planetenklangschalen

Für dieses Ritual kannst Du jede Klangschale nehmen, die Dich im Herzen berührt.

Welche ich für mich selbst nehme? Nun, das kommt darauf an. Oft verwende ich die Hopi-Herzton-Schale, um mich wieder tiefer mit mir selbst zu verbinden.

Merke ich, dass ich in mir selbst zu eng, zu gefangen bin, verwende ich die OM-Schale.

Besonders gut ist für mich auch die Venus-Schwingung. Diese sorgt für Ausgleich und Harmonie, so dass ich das Schöne wieder sehe – vor allem auch in mir, wenn mich die Tendenz überkommt, dass ich an mir herumkritisiere und herumnörgle. Ich bin schön, so wie ich bin.

Gebete

Selbstverständlich lassen sich auch Gebete durch Schwingung verstärken. Du kannst Deine Gebete mit Klang unterstützen und diese zum Himmel oder ins Universum senden. Es wirkt.

Da jedes Gebet individuell ist, lade ich Dich ein, Dein eigenes Ritual, Deinen eigenen Rahmen und Raum für

Deine Gebete zu finden.

Raum für Gebete

Annehmen und Loslassen

Immer wieder und wieder, fast täglich, wird vom Loslassen gesprochen und geschrieben. Wenn es doch nur so einfach wäre.

Mir persönlich helfen auch da meine Klangschalen. Und wenn Du meinst, dass es damit ganz leicht geht – das stimmt nur bedingt. Sagen wir mal so: Es kommt darauf an, was ich loslassen will.

Aber müsste ich übers Loslassen nachdenken, wenn es einfach wäre? Festhalten ist ja viel einfacher. Da weiß man, was man hat. Das gibt Sicherheit – auch wenn es vielleicht nicht guttut oder es an der Zeit wäre, etwas Neues zu beginnen. Was ich habe, kenne ich. Was danach kommen wird, ist mir unbekannt. Und so zieht meine Angst immer mit und Vertrautes bleibt, auch wenn die Zeit dafür längst abgelaufen ist.

Kennst Du das? Bestimmt. Findest Du es gut?
Bestimmt nicht. Aber wie kannst Du es ändern?

Der erste Schritt ist, Dir bewusst zu machen, was Du loslassen willst, sollst oder sogar musst. Nicht immer ist es ja ein Wollen. Ich nenne diesen Schritt das Anerkennen und Annehmen von dem, was ist.

Dafür kann ich meine Klangschalen sehr gut nutzen. Die Schwingung und die Töne führen mich in einen inneren Zustand. Und wenn ich mir mit der Absicht „Ich bin offen für Veränderung und Erkenntnis“ anschaue, was ansteht, kann ich durch die entstehende Entspannung und den gewonnenen Abstand erkennen, wofür es an der Zeit ist. Oft gewinne ich dabei eine Einsicht, warum es gut ist loszulassen. Mehrere Ebenen werden beim Spielen der Klangschalen berührt: das Herz und der Verstand. Und wenn beides einbezogen ist, dann hat das Ego nicht mehr viel zu melden.

Doch da es mit dem ersten Schritt nicht getan ist, beinhaltet mein Ritual mehrere Schritte, die ich hier vorab aufführe.

Der erste Schritt ist das Erkennen und Annehmen dessen, was gehen darf.

Der zweite Schritt ist dafür zu danken, was geschehen ist. Ganz gleich, wie Du das, was Du loslassen möchtest bewertet hattest – eins ist klar: es hat Dich verändert und hat Dich wachsen lassen. Sei dankbar dafür.

Mit dem dritten Schritt lädst Du das Neue in Dein Leben ein.

Nachdem Du das Neue für Dich erfühlt hast, beendest Du Dein Ritual.

Bist Du bereit, Dich darauf einzulassen?

Das Ritual

Nimm Dir Zeit und sorge gut für Dich. Du solltest während dieser Zeit ungestört sein. Vielleicht magst Du eine Kerze entzünden.

Lade Dir all Deine geistigen Begleiter, Lehrer und Engel zur Unterstützung ein, wenn Du möchtest.

Wähle Deine momentane Lieblingsschale aus. Spiele sie an und lasse danach den Ton verklingen. Spüre in Dich hinein. Was ist es, was Du loslassen möchtest? Was hält Dich davon ab, es gehen zu lassen und Dich Neuem zu öffnen? Was hält Dich in trügerischer Sicherheit, was verhindert, dass Neues kommen kann?

Spiele weiter Deine Klangschale.

Nun stell Dir vor, wie es ist, ohne dieses Ding, dieses Gefühl, diesen Gedanken oder dieses Wesen zu sein. Was zeigt sich Dir? Ist da tatsächlich nur Trauer und

Schmerz? Oder ist da auch ein Gefühl von Neugier? Vielleicht auch ein Verstehen der Situation oder des Menschen, der geht?

Kannst Du Dich für alles, was geschehen durfte, bedanken? Dabei ist es egal, ob Du es positiv oder negativ bewertet hast. Fühlst Du Deine Dankbarkeit für das, was war und dessen Zeit nun abgelaufen ist?
Drücke Deine Dankbarkeit aus. Wenn Du allein bist und es möchtest, sprich es laut aus. Führst Du dieses Ritual mit mehreren Menschen aus, drücke Deine Dankbarkeit innerlich und leise aus.

Und nun lass gehen, was nicht mehr zu Dir gehört, nicht mehr bei Dir zu sein braucht oder nicht mehr bei Dir sein will. Lass es los und lass es weiterziehen.

Dabei schlage Deine Klangschale erneut an und lass den Ton verklingen. Lass die Schwingung vergehen – und lass damit ebenfalls los, was immer Du loslassen wolltest. Gönne Dir einen Moment der Stille.

Wenn es sich richtig anfühlt – und dieser Zeitpunkt wird kommen – streichle Deine Schalen wieder an. Erst ganz sanft, noch sanfter als sonst.
Dann lass allmählich mit jedem Anschlag in ruhigem Rhythmus den Ton anschwellen. Lass das Neue ein-

treten, heiße es willkommen. Visualisiere Dir mit jedem neuen Anschlag, wie es sich anfühlt, dieses Neue. Vielleicht kommen Bilder, vielleicht Gerüche oder Worte. Erwarte nichts, lass es einfach geschehen.

Nach einer Weile – auch da wirst Du selbst erkennen, wann der Zeitpunkt da ist – lässt Du die Schale wieder ausklingen.

Spüre nach und fühle den Frieden in Dir mit dem, was ist.

Danach lösche die Kerze, atme ein paar Mal tief ein und aus und kehre mit Deiner ganzen Aufmerksamkeit wieder ins Hier und Jetzt zurück.

Wenn Du Dich so dem hingibst, was kommen darf, und Altes zuvor gehen lässt, zollst Du Deinen vergangenen und zukünftigen Erfahrungen gebührenden Respekt. Egal, was Du loslassen willst und warum Du es loslassen willst oder musst: Es hat Dich verändert, hat Dich etwas gelehrt und hat Dich dadurch wachsen lassen.

Nun darf Neues entstehen. Lass die Lücke des Losgelassenen nicht einfach so stehen, sondern fülle sie mit einem freudvollen Gefühl, einem Gefühl von: „Was auch immer nun sein wird, ich heiße es willkommen". Denn tief in Dir weißt Du: Das Leben fließt weiter. Fließe mit dieser Energie.

Exkurs Planetenklangschalen

Wenn ich dieses Ritual für mich selbst ausführe, wähle ich meist meine Wasserschale aus. Diese hat von der Schwingung her das Thema, etwas in den Fluss zu bringen, wenn es an der Zeit ist.

Wenn ich mich ganz auf das Loslassen konzentrieren möchte, dann ist die Pluto-Schwingung eine große Hilfe. Pluto steht für Transformation, Neues beginnen und Altes loslassen.

Manchmal wähle ich eine Chiron-Klangschale aus. Chiron ist der verwundete Heiler und Lehrer. Und wenn es darum geht, etwas gehen zu lassen, dann fühle ich mich meist verwundet. Zu fühlen, dass jede Menge Kraft da ist und dass das Leben weiterfließt, ist dann für mich hilfreich.

Gern lasse ich mich durch die Mondschwingung unterstützen. Dann kann ich noch tiefer ins Gefühl gehen, Tränen dürfen fließen (müssen aber nicht). Diese Schwingung führt mich gerade dann weiter ins Thema, wenn ich mich von meinen Gefühlen abgeschnitten fühle, und ich vom Kopf her versuche loszulassen.

Ritual am Morgen – Führung für den Tag

Was brauchst Du für den heutigen Tag?
Geduld? Kraft? Zentrierung? Freude? Achtsamkeit? Liebe?

Was auch immer Du willst: Spiele Deine Klangschale und sende den Wunsch für den Tag hinaus ins Universum. Die Schwingungen begleiten Deinen Wunsch, und das Echo kommt zurück.

Du kannst das Gleiche mit Deiner Affirmation und natürlich auch mit Deiner Tagesaffirmation machen.
Wenn Du keine bestimmte Tagesqualität wünschst, kannst Du ganz allgemein das Mantra „Om Mani Padme Hum" – das tibetische Mitgefühl-Mantra zum Wohle aller Lebewesen – aussenden. Oder „Lokah Samastah Sukhino Bhavantu" – mögen alle Wesen Glück und Harmonie erreichen.

Das Ritual

Nimm Dir am Morgen eine kurzen Moment Zeit und sorge gut für Dich. Du solltest während dieser Zeit ungestört sein. Vielleicht magst Du eine Kerze entzünden.

Wenn Du magst, lade Dir all Deine geistigen Begleiter, Lehrer und Engel zur Unterstützung ein.

Wähle Deine momentane Lieblingsschale aus. Spiele sie an mit der Absicht, all das zu erhalten, was Du für diesen Tag benötigst. Bitte darum, dass genau das sein wird, was heute für Dich wichtig ist.

Lasse danach den Ton verklingen.

Spüre nach. Nimm Dein Wollen zurück. Sei offen für das, was sich zeigen will. Oft stellt sich in diesen Momenten ein Wissen von dem ein, was wirklich nötig ist, auf was Du heute achten darfst und dass alles für Dich bereit ist.

Zum Schluss bedanke Dich innerlich, lächle Dir zu, lösche die Kerze und starte gestärkt in den Tag.

Du wirst sehen, so vorbereitet und ausgerichtet wird es ein guter Tag.

Ritual am Arbeitsplatz – ins Jetzt kommen

Jeden Tag gibt es sehr viel zu tun. Ich weiß nicht, wo und wie Du die meiste Zeit Deines Tages verbringst, wie achtsam Du bist, bei dem, was Du tust. Was ich aus meiner Erfahrung heraus weiß, ist, dass sich die meisten Menschen früher oder später an ihrem Arbeitsplatz verzetteln und sich nicht mehr richtig konzentrieren können, weil sie zu viel auf einmal tun wollen oder müssen.
Und dann? Dann ist das Chaos vorprogrammiert.

Kennst Du das? Fragst Du Dich dann auch, was Dich dabei unterstützen kann, wieder ganz bei der Sache zu sein?
Meine Antwort ist ganz einfach: Mich bringt eine Klangschale wieder zurück. Dabei reicht mir eine kleine etwa handtellergroße Klangschale völlig aus.

Wenn ich feststelle, dass ich mal wieder viel zu viel zwischen meinen E-Mails, Facebook, der Buchhaltung und allem Möglichen anderen hin- und herspringe, anstatt mich auf meine Aufgaben zu konzentrieren, halte ich kurz Inne und spiele meine Klangschale an. Dabei fokussiere ich mich neu. Was wollte ich noch mal?

Was ist der rote Faden? Welche Aufgabe soll ich erledigen? Was ist in diesem Moment wirklich wichtig?
Der Klang meiner Klangschale bringt mich wieder zurück. Ein tiefer Atemzug, Hinhören, Fokussieren – und dann habe ich mich wieder auf „Start" geschaltet.

Manchmal schlage ich meine Klangschale bei jeder neuen Tätigkeit an. Das konzentriert mich auf das Jetzt, auf das, was im Augenblick getan wird. Auf das Wesentliche.

Doch Vorsicht: Es dauert eine kleine Weile, bis man es sich angewöhnt hat, die Klangschale zum Beispiel auf dem Schreibtisch anzuklingen. Bitte vermeide unbedingt, Deine Klangschale als Ablage zu missbrauchen. Büroklammern und kleinere Zettel verirren sich sehr gern da hinein. Damit geht ihr eigentlicher Sinn schnell verloren. Zugegeben: Eine Klangschale ist eine schöne Dekoration. Doch richtig genutzt bringt sie Dir weitaus mehr.

Exkurs Planetenklangschalen

Was ist die geeignete Klangschale für den Schreibtisch oder den Arbeitsplatz?

Für mich ist es eindeutig eine Planetenklangschale mit der Saturn-Schwingung. Diese sorgt für Konzentration, Struktur und Klarheit.

Aber keine Angst, es funktioniert auch mit jeder anderen Klangschale.

Für den Schreibtisch würde sich auch sehr gut eine gegossene Klangschale eignen. Groß muss die Schale nicht sein. Meine Klangschale ist knapp handtellergroß. Aber die Wirkung, mich ins Hier und Jetzt zu bringen, ist enorm.

Rituale am Abend

Selbstreflektion beim Tagebuchschreiben

Es tut gut, jeden Abend den Tag und das eigene Tun zu reflektieren. Oft wird das auch Seelenhygiene genannt.

Selbstverständlich kann man das rein gedanklich tun. Ebenso ist Tagebuchführen ein wunderbares Mittel dafür – vor allem, weil Du über das geschriebene Wort Deine Gefühle ganz anders ausdrücken kannst als nur in Gedanken.

Um Deinen Tag zu überdenken gibt es noch die Möglichkeit, Dich von dem Klang Deiner Klangschale unterstützen zu lassen. Ganz besonders in den Momenten, wenn Du meinst: Mir fällt sowieso nichts ein, es gab heute nichts Besonderes. Auch dann, wenn Du Dich beim Tagebuchschreiben öfter verzettelst und viel zu viel, aber nicht das Wesentliche notierst.

Es kann hilfreich sein, wenn Du Deine Selbstreflektion zu bestimmten Themen mit der Klangschale auf eine bestimmte Dauer begrenzt – zum Beispiel auf die Länge von fünf Anschlägen, Deiner Schale lauschst und währenddessen in Dich spürst und ab dem Ausklingen Deiner Schale Deine Gedanken und Gefühle notierst.

Danach wendest Du Dich dem nächsten Thema zu oder gönnst Dir wieder das Lauschen von fünf Anschlägen und schreibst beim Ausklingen weiter.
Mit der Zeit wirst Du lernen, Dich innerhalb kürzester Zeit auf das Wesentliche Deines Tages zu konzentrieren. Klar ist es schön, sich mehr Zeit zu lassen. Doch ich kenne viele, die sagen: „Tagebuch schreiben und den Tag reflektieren kostet mich zu viel Zeit, die habe ich nicht.“ Wenn Du zu diesen Menschen gehörst, dann kann Dir dieses Ritual helfen festzustellen, wie gut eine Tagesreflektion tut und dass sie nicht viel Zeit in Anspruch nehmen muss.

Wie geht das nun?

Das Ritual

Nimm Dir etwas Zeit und sorge gut für Dich. Du solltest während dieser Zeit ungestört sein. Vielleicht magst Du eine Kerze entzünden.

Atme ein paar Mal tief ein und aus.

Spiele sanft die ausgewählte Klangschale für Dich. Versuche dabei, Dich ganz auf den Klang und die Schwingung einzulassen. Vielleicht magst Du zwischen den Anschlägen die Augen schließen und bei jedem neuen Anschlag die Augen öffnen – und wahrnehmen? Nach einer Weile – Dein Gefühl wird Dich leiten – reflektiere über Deinen Tag oder Dein Thema (z. B. „Wofür bin ich heute dankbar? Worüber habe ich mich heute gefreut? Was ist mir heute Gutes widerfahren? Was hat mich lächeln lassen? Was war heute wichtig für mich?“).

Schlage Deine Klangschale an. Bringe, während sie schwingt und klingt, Deine Gedanken und Gefühle zu Papier. Ist die Schale ausgeklungen, wiederhole den Anschlag, lausche dem Klang und schreibe währenddessen weiter. Tue dies für eine von Dir vorher bestimmte Anzahl Anschläge (z. B. fünf oder zehn).

Wenn Du fertig bist, lösche die Kerze, atme ein paar Mal tief ein und aus und kehre mit Deiner ganzen Aufmerksamkeit wieder ins Hier und Jetzt zurück.

Probiere es aus.

Ich bin mir sicher, mit jedem Tag, an dem Du über Deinen Tag und über Dich selbst reflektierst, wirst Du Dich mehr und mehr erinnern, wirst neue Erkenntnisse sammeln. Das Geschriebene kann Dir durch Zeiten helfen, in denen alles grau und freudlos erscheint. Und das

Klingen Deiner Klangschale erinnert Dich daran: Am Ende ist alles gut.

Das funktioniert übrigens auch hervorragend mit einem Glückstagebuch – führe Buch über alles, wofür Du dankbar bist. Jeden Tag schreibst Du innerhalb einer bestimmten Anschlagsanzahl mit dazugehörigem Ausklingen der Klangschale alles auf, was Dich heute dankbar oder glücklich gemacht hat.

Doch beachte: Fange damit an guten Tagen an, dann fällt es leichter, das Gute zu sehen. So kannst Du auch an trüben und unglücklichen Tagen das Leuchten und das Glück wahrnehmen.

Einschlafritual – nicht nur für Kinder

Du kannst nicht richtig einschlafen? Und Du hast schon alles versucht?

Wie wäre es, mit den sanften Klängen einer Klangschale einzuschlummern?

Besonders schön ist es, wenn jemand die Klangschale für Dich spielt. Dann heißt es nur noch hören, fühlen, tief atmen und mit den Schwingungen in einen wunderbaren Traum eintauchen. Auch wenn Du allein bist und niemand da ist, der Dich in den Schlaf klingen und schwingen kann, funktioniert das hervorragend.

Dass das funktioniert, haben mir schon viele meiner Teilnehmer erzählt. Sie haben eine Klangschale neben ihrem Bett stehen und schlagen diese dann im Bett an. Manche schlafen mit der Klangschale im Bett ein, andere schaffen es noch, sie wieder neben das Bett oder auf den Nachttisch zu stellen.

Hier gebe ich Dir kein Ritual vor, damit Du ganz frei Deinen eigenen Weg finden kannst ohne ins Denken zu verfallen. Habe keine Angst, lasse Dich leiten, stelle die Schale dorthin wo sie heute hinwill. Das kann auch gerne auf dem Körper sein.

Das Einzige worauf Du achten solltest ist, dass die Schale nicht auf einen Stein- oder Holzboden fallen kann, wenn Du sanft einschlummerst. Sonst erschrickst und erwachst Du vielleicht von einem scheppernden Geräusch, womöglich geht die Schale kaputt und das wäre doch sehr schade!

Übrigens: Kinder lieben es, zur guten Nacht mit Klangschalen bespielt zu werden. Am besten setzt Du Dich neben das Kind oder an das Fußende des Bettes. Von dort kannst Du langsam, sanft und leise die Klangschale anspielen. Vielleicht magst Du das Instrument auch mit etwas Abstand über dem Körper Deines Kindes in Form einer liegenden Acht hin- und her bewegen.

Etliche Eltern berichteten mir, dass ihre Kinder damit superschnell einschlafen. Und dass ihre Kinder, wenn sie die Wahl haben, die Klangschale noch lieber mögen als Vorlesen oder Vorsingen. Auch alles drei auf einmal wird aber gern genommen.

Exkurs Planetenklangschalen

Besonders Alpha- und Thetawelle fördern das schnelle Einschlafen und das sanfte Hinübergleiten in die Traumwelt.

Gleichermaßen bringen Biorhythmus Seele, Neptun und Venus uns ins Traumland.

Auf den Einsatz von Sonne, Mars, Uranus und Wasser würde ich beim Zubettgehen verzichten.

Paarrituale

Es ist schön, das, was man liebt, mit anderen zu teilen. Deshalb liegt es nahe, dass Du Deine Freude für Deine Klangschalen, die Töne und Schwingungen mit Deinem Partner, mit guten Freunden oder mit Deiner Familie teilst.

Begegnung

Dieses Ritual eignet sich sehr gut dazu, Gemeinsamkeiten wahrzunehmen und zu vertiefen.

So wird klar: Wir erleben etwas zusammen, aber jeder hat sein eigenes Empfinden. Wir sind eins und doch jeder individuell.

Schon oft durfte ich erleben, dass durch dieses kleine Ritual die Verbindung zwischen zwei Menschen gestärkt wurde.

Mögt Ihr es gemeinsam ausprobieren?

Das Ritual

Nehmt Euch etwas Zeit und sorgt gut für Euch. Ihr solltet während dieser Zeit ungestört sein. Vielleicht mögt Ihr eine Kerze entzünden.

Setzt Euch gegenüber, sodass ihr Eure linken Hände übereinanderlegen könnt. Die Handflächen zeigen dabei nach oben Richtung Decke. Achtet dabei darauf, dass die Handflächen flach sind und die Finger ausgestreckt sind, sie die Schalenwand nicht berühren. Eine bequeme Haltung und lockere Arme sind wichtig. Kissen können die Arme stützen, damit Ihr entspannt bleibt.

Auf die entstehende Fläche stellt ihr nun eine Klangschale Eurer Wahl.

Atmet ein paar Mal tief ein und aus und stimmt Euch aufeinander ein. Ganz ohne Worte. Einfach nur gemeinsam SEIN. Blickkontakt ist erwünscht.

Jeder von Euch hat einen Klöppel. Nun könnt Ihr beginnen, Euch über die Klangschale intuitiv „zu unterhalten". Das geschieht zunächst ganz ohne Worte: Einer von Euch beginnt, die Schale sanft anzuschlagen. Wenn der andere den inneren Impuls bekommt, die

Schale sanft anzuschlagen, dann erfolgt der nächste Anschlag. So wechselt Ihr Euch ab. Versucht dabei ein gelassenes Tempo zu spielen.

Spüre hin und nimm für Dich selbst wahr: Wie fühlt es sich an, mit Deinem Partner zu sitzen und still zu sein? Wie fühlt es sich an, wenn die Schale auf Deiner Hand steht und die Handfläche Deines Partners darunter ist? Was passiert, wenn Ihr die Hände wechselt und Du die Hand Deines Partners auf Deiner spürst? Erreicht Dich Schwingung? Was macht das mit Dir?

Nimm das alles in Stille wahr.

Lasst die Klangschale nach einiger Zeit ausklingen. Löst die Hände voneinander.

Danach bedanke Dich – noch immer in Stille – mit den Augen bei Deinem Partner. Vielleicht wollt Ihr Euch umarmen?

Atmet noch einmal tief ein und aus.

Wenn Ihr möchtet, ist nun die Zeit gekommen, miteinander zu sprechen: Wie hat es sich angefühlt?

Wie erging es Dir damit, nicht zu sprechen, nur zu spüren und präsent zu sein? Jeder darf seine ganz persönliche Erfahrung mitteilen. Es gibt kein Richtig und kein Falsch. Der andere kann etwas ganz Anderes wahrgenommen haben. Gib ihm den Raum, dies mit Dir zu teilen. Sollte es Euch schwerfallen, einander nicht ins Wort zu fallen, dann kann es hilfreich sein, die Klangschale wieder anzuspielen. Während sie klingt kann einer von Euch sprechen. Der andere spricht erst wieder nach dem völligen Verklingen des Tons.

Nach dem Austausch bedankt Euch für Eure Offenheit, diese Erfahrung gemeinsam zu machen und auch auszutauschen.

Nun gilt es, die Kerze zu löschen und wieder zurück in das Tagesgeschehen zu kommen.

Was passiert bei diesem Ritual?

Oft stellen zwei Menschen dabei fest: Ihr Empfinden ist ähnlich, aber nicht gleich. Jeder macht eigene Erfahrungen, und auch wenn wir das Gleiche erleben, so denken und fühlen wir doch unterschiedlich. Genauso darf es sein. In einer gemeinsamen Verbindung sind wir eins und bleiben doch eigenständig. Zusammen gibt es mehr Vielfalt.

Hilfreich ist dieses Ritual nach einem Streit und zur Klärung von Disputen. Es wird möglich, sich auf einer anderen Ebene wieder zu erleben, sich aufeinander einstellen, ohne alles sofort mitzuteilen.

Das Ritual kann auch abgewandelt werden. Zum Beispiel indem einer etwas vorspielt und der andere es nachahmt. Auch könnt Ihr bei jedem Anschlag Worte und Wünsche äußern.

Welche Schale sollte verwendet werden?

Diejenige, die Euch gemeinsam am besten gefällt. Oder magst Du Deine Lieblingsschale auf diese Art und Weise der anderen Person vorstellen und sehen, wie sie reagiert? Alles ist möglich.

Exkurs Planetenklangschalen

Um das Ritual zu unterstützen setze ich sehr gern Merkur für eine ehrliche und offene Kommunikation ein.

Eros-Schwingung sorgt für den sanften Austausch.

Der öffnende und beruhigende OM-Ton lässt uns den eigenen Kokon, die eigene Sichtweise erweitern und auch den anderen wahrnehmen.

Mit der gefühlvollen Mondschwingung unterstütze ich gern das Zulassen von verborgenen Gefühlen und Emotionen.

In Klängen geborgen sein

Du sitzt auf einem weichen Boden, die Klangschalen werden ebenfalls auf den Boden gestellt und Dein Partner spielt die Schalen für Dich an. Du kannst eintauchen in das Klang- und Vibrationserlebnis. Du bist von Klang und Schwingung umgeben.

Bevor das geschehen kann, achtet darauf, dass Ihr gemeinsam eine ruhige und gelassene Atmosphäre schafft.

Wer die Klangschalen anspielt, tut es so, dass es sich harmonisch für den Anderen anfühlt. Sanfte Klänge, angenehmer Rhythmus, die Absicht das es dem anderen gut geht – dann kann sich das Gefühl einstellen *Ich bin wunderbar geborgen*.

Dabei ist es wichtig, dass der Klangschalenspieler darauf achtet, wie es der bespielten Person geht. Siehst Du es an einem entspannten Gesicht? Verändert sich der Atem? Was kannst Du alles entdecken?

Und Du als den Klang und die Schwingung genießende Person, darfst Dich gern äußern, wie es sich anfühlt, ob etwas verändert werden soll, damit sich das geborgene, sichere Gefühl einstellen kann.

Teile freundlich mit, was Du brauchst, wie es sich anfühlt. Es ist eine Entdeckungsreise für Euch beide. Vielleicht meinte die Person, die für Dich die Schalen spielt, zu wissen, was für Dich gut ist und was Dir guttut. Du kannst mit Deiner Äußerung Klarheit schaffen ob dies stimmt oder Du anderes brauchst. Dann kann die spielende Person versuchen sich Deinen Wunschvorstellungen anzunähern – jedoch ohne das eigene Gefühl zu vernachlässigen.

Interessant ist das für beide Seiten. Schließlich bekommt der Partner, der Dich bespielt, ebenso die Klänge zu hören und die Schwingung zu spüren. Eine Begegnung auf einer anderen Ebene wird möglich, eine gemeinsame Abenteuerreise hin zu den eigenen Gefühlen und zu denen des anderen.

Es ist ein schönes Gefühl, etwas zu geben und zu sehen, dass und wie es dem anderen damit gut geht. Du gibst Zeit, Achtsamkeit, Hingabe, die Absicht, dass es dem anderen gut geht, Aufmerksamkeit und Liebe. Es fühlt sich gut an, oder?

Du bist allein? Selbstverständlich kannst Du die Schalen in gleicher Weise selbst anschlagen und Dich bespielen. Oder lade Deine beste Freundin oder Deinen besten Freund ein und lasst es Euch zusammen mit Klang und Schwingung richtig gut gehen.

An dieser Stelle möchte ich kein Ritual vorgeben. Es ist ein offener Raum zum Entdecken, was Euch gemeinsam guttut. Findet Euer Ritual, geht auf Eure eigene Entdeckungsreise und seht, was sich daraus ergibt.

Macht Ihr es öfter, so wird sich daraus EUER Ritual entwickeln. Euer ganz eigener Ablauf, Eure eigene Findung, gemeinsames Verständnis, das Spüren, wann es Zeit ist aufzuhören, und wie Ihr Euer Ritual beenden möchtet.

Lasst Euch darauf ein, werdet kreativ und habt eine wunderbare Zeit miteinander.

Rituale für Gruppen

Nicht nur für Dich allein oder mit Deinem Partner, guten Freunden oder in der Familie ist es schön Klangschalen zu spielen. Eine Klangschale kann auch ein sehr schönes Element in der Gruppenarbeit sein.

Redeschale

In Gesprächsrunden taucht ab und an das Problem auf, dass jemand nicht zu Wort kommt oder ausreden darf.

Damit es fair zugeht und alle die gleichen Möglichkeiten haben, hat es sich in vielen Gruppen bewährt, eine Klangschale als „Redeschale" zu verwenden.

Wer mit Reden dran ist, schlägt die Schale an. Nach dem Anschlag darf derjenige, der angeschlagen hat, sich so lange mitteilen, wie die Schale klingt. Alle anderen schweigen.

Eine andere Variante: Der Gruppenleiter schlägt die Schale an und eine vorher bestimmte Person darf sprechen. Nach vorbestimmter Zeit – jeder Person in der Gruppe steht dieselbe Zeitlänge zu – wird die Schale wieder angeschlagen und die Person, die gerade am Mitteilen ist, hört auf zu reden.

Der Vorteil dieser Vorgehensweisen: Andere Person dürfen nicht ins Wort fallen, jeder kommt dran und darf sich in vorbestimmter Zeitdauer äußern, ohne ein Widerwort zu erfahren.

Exkurs Planetenklangschalen

Für Klarheit in der Kommunikation verwende ich sehr gern die Merkur-Schwingung.

Sie macht die eigene Wahrheit bewusst und hilft, die eigenen Überzeugungen verständlich an- und auszusprechen.

Klangschale für stille Phasen

Bei der Gruppenarbeit und bei Gruppendiskussionen entsteht öfter eine Eigendynamik. Meist ist es in solchen Situationen notwendig, wieder Ruhe und Stille einkehren zu lassen.
Wie kann das in einer Gruppe ablaufen? Indem es mit Worten eingefordert wird? Meist funktioniert das nicht, da immer noch jemand etwas zum Thema beitragen und Gehör finden möchte.

Was kann man tun?

Auch hier kann eine Klangschale wertvolle Dienste leisten.

Dafür bedarf es der vorherigen Gruppenvereinbarung, dass, wenn es zu überschwänglich wird, jemand die Klangschale anspielt – und solange die Schale klingt, nicht gesprochen werden darf. Wenn der Fall tatsächlich eintritt, müssen sich alle an dieses Signal halten.

Was passiert?

Gedanken können gesammelt und Emotionen beruhigt werden, stille Phasen sowie Raum zum Luftholen und

Nachdenken entstehen, die Konzentration wird wieder gesteigert.

Ich habe damit schon großartige Erfahrungen sammeln dürfen.

Der Klang der Schale fordert zu Achtsamkeit und Innehalten auf.
Dies ist ein wunderbar schlichtendes Ritual.

Aurareinigung

Dieses Ritual kannst Du für Dich selbst und für andere ausführen.

Mit ihm kannst Du das Energiefeld harmonisieren und Energieungleichgewichte ausgleichen, also quasi die Aura glätten. Ebenso kannst Du Dir oder jemand anderem damit einen kleinen Energiekick geben.

Persönlich verwende ich dieses Ritual, wenn ich merke, dass ich sehr hibbelig und unruhig bin.

Bei anderen Menschen wende ich es gern zur Begrüßung an.
Kinder lieben das Ritual nach der Schule.
So lässt es sich leicht den Stress abstreifen und gut zu Hause ankommen.

Welche Schale solltest Du verwenden?
Selbstverständlich wieder die, die Dich am meisten anspricht, Dich am meisten berührt.
Du wirst während des Rituals die Schale auf der Hand halten. Von daher empfehle ich eine eher kleinere Schale, die nicht zu schwer ist und die Du gut für ein paar Minuten auf der Hand halten kannst, ohne dass es für Dich anstrengend wird.

Das Ritual

Dieses Ritual kannst Du im Stehen oder Sitzen ausführen.

Stelle Deine gewählte Schale auf Deine flache Hand.

Brauchst Du Energie, so spiele Deine Schale vor Dir in der Aura an Deinen Füßen an und lasse sie langsam von den Füßen nach oben bis über Deinen Kopf wandern.
Bist Du gerade sehr aufgedreht und brauchst Beruhigung, dann bewege die klingende und schwingende Schale langsam in der Aura vor Dir vom Kopf bis zu den Füßen.

In welche Richtung auch immer Du die Klangschale bewegst, sie sollte möglichst gleichmäßig schwingen und klingen.

Die Anschlagrichtung ist jeweils hin zu Dir. Führst Du das Ritual für jemanden anderen aus, dann ist die Anschlagrichtung hin zu dieser Person.

Das kannst Du mehrmals wiederholen. Doch Vorsicht! Bewege die Schale nicht auf und wieder ab, sondern achte darauf, dass Du sie immer nur in eine Richtung bewegst.
Meine Empfehlung ist, die Klangschale maximal drei Mal auf- oder abwärts zu bewegen.

Es kann sein, dass Du die Schale mehrmals anschlagen musst, während Du eine Bahn ziehst. Es ist auch möglich, dass Du nur einen sanften Anschlag benötigst und die Schale mit einer aufmerksamen, langsamen Bewegung von unten nach oben oder von oben nach unten führen kannst.

Höre und spüre hin, um das tun zu können, mit dem Du Dich am besten fühlst.

Exkurs Planetenklangschalen

Ganz speziell können hier Planetentöne unterstützen.

Du brauchst Kraft und Zentrierung? Verwende eine Sonne.

Du brauchst mehr Erdung, das Gefühl, im Hier und Jetzt, in der Realität zu sein? Der erdende Tageston kann Unterstützung geben.

Du brauchst eine liebevolle Umarmung, willst Dich selbst besser spüren und wichtig nehmen? Dann ist Herzenergie die richtige Wahl. Ganz besonders geeignet sind der Hopi-Herzton und Eros.

Du möchtest liebevoller mit Deinem Umfeld umgehen, offen sein für Deine Umgebung und die Menschen so sein lassen können wie sie sind? Auch hier möchte ich Dir Herzenergie empfehlen. Es geht darum, Dich nach außen zu öffnen – wähle daher die OM-Schwingung.

Du suchst nach Klarheit oder möchtest Dich abgrenzen? Die Saturn-Schwingung unterstützt Dich dabei.

Schutzritual – mit Schwingung einhüllen und die Aura stärken

Es gibt Momente, da möchte man sich einfach eingehüllt und geborgen fühlen. Geschützt in sich selbst.

Klar – ich kann mich dazu mit Farben umgeben oder mir einen Schutz um mich herum vorstellen. Es gibt dazu viele Techniken aus dem energetischen Heilen. Davon kennst Du vielleicht Einige.

Ich kann mich aber auch mit Schwingung einhüllen.

Während ich meine Klangschale anspiele, den Ton und die Schwingung genieße, hülle ich mich in diese Klang-Schwingungs-Energie ein, wie in eine Wolke oder wie in einen Schwingungsnebel. Damit kann ich meine Aura anfüllen.

Das Ritual

Wichtig ist auch hier wieder, dass Du Dir ein paar Minuten Zeit für Dich selbst nimmst.

Dann spüre in Dich hinein: Was brauche ich? Was fehlt mir? Solltest Du keine Antwort erhalten, dann spiele die Schale besonders liebevoll für Dich an.

Nach dem Spüren spiele Deine Klangschale. Halte Deine Schale erst vor Dich und spiele sie mit Deiner Absicht an. Fülle Dich mit der Energie auf, die Du in diesem Moment brauchst.

Bewege später die Schale, die auf Deiner Handfläche steht, um Deinen Körper, sodass die gesamte Aura durchschwungen wird. Nimm dabei den Klang und die Schwingung wahr. Spiele die Schale die ganze Zeit mit Deiner füllenden Absicht an.

Spüre nach ein paar Anschlägen nach: Wie fühlt es sich an? Welche Qualität ist jetzt vorhanden? Brauchst Du noch ein paar Klänge für Dich oder kannst Du gestärkt weiter durch Deinen Alltag gehen?

Energetisieren von Wasser, Wein, Lebensmitteln und Schmuck

Alles, was uns umgibt, hat eine Schwingung.

Es kommt vor, dass die Energie sehr hoch ist, aber leider ist oft das Gegenteil der Fall. Ein Ding mit niedriger Schwingungsenergie fühlt sich lau und schal an.

Wie kannst Du die Schwingung erhöhen?
Zum Beispiel, indem Du die Dinge, die Dich umgeben oder die Du zu Dir nehmen möchtest mit Deiner Klangschale energetisierst.

Wie geht das?

Das ist in der Regel ganz einfach. Wenn es sich um Dinge handelt, die in Deine Schale hineinpassen, stelle diese hinein. Achte darauf, dass die Wände der Schale nicht berührt werden, und spiele Deine Schale sanft an. Gegebenenfalls ist es gut, etwas unter den Gegenstand zu legen, damit es nicht klirrt. So lege ich unter eine Glasflasche oder Obst ein Küchentuch. Bei Plastikflaschen ist das nicht notwendig.

Mit der Schwingungsinformation, die von der Klangschale übermittelt wird, können sich nun die Gegenstände, wie zum Beispiel Lebensmittel, Briefe, Schmuck und Getränke aufladen.

Du meinst das funktioniert nicht?

Also ich habe erlebt, dass es hilft.
Ein kleines Beispiel:
Wir haben einen Freund, der sich mit Wein wirklich sehr gut auskennt.

Er hat mit Schwingung und Klangschalen nichts am Hut – er lässt uns das Unsere tun, aber er will davon nichts wissen.

An einem Abend haben wir eine kleine Weinverkostung gemacht. Was unser Freund nicht wusste: Es war der gleiche Wein. Wir nahmen zwei Flaschen Rotwein desselben Winzers und desselben Jahrgangs aus derselben Abfüllung. Wir haben die Flaschen gleichzeitig geöffnet und sie gleich lang atmen lassen. Einziger Unterschied: Eine dieser Flaschen hatten wir in eine Klangschale gestellt und den Wein bespielt.

Und prompt schmeckte der aus der bespielten und energetisierten Flasche ausgeschenkte Wein ungleich besser und intensiver.

Nach dieser Verkostung verrieten wir unseren Trick.

Obwohl unser Bekannter das Energetisieren nach wie vor für Humbug hält, bespielt er nun seinen Wein ebenfalls mit einer Klangschale und ist absolut begeistert. Man muss also nicht daran glauben – es funktioniert trotzdem.

Was mit Wein funktioniert, ist natürlich ebenso für anderes gut.

Eine meine Teilnehmerinnen sammelt und verwendet sehr häufig Kräuter. Sie berichtete mir, dass sie ein Gitter über ihre Schalen legt und dann die Kräuter darauf zum Trocken ausbreitet. Während der Trocknungsphase werden die Schalen immer mal wieder angespielt. Sie ist davon überzeugt, dass die Kräuter beim Verwenden viel intensiver schmecken und wirken.

Einen wissenschaftlichen Nachweis dazu gibt es nicht. Aber wie wäre es, wenn Du es selbst ausprobierst und Dir selbst eine Meinung bildest?

Exkurs Planetenklangschalen

Welche Schale ist nun die Richtige?
Verlasse Dich auch hier auf Dein Gefühl. Was tut Dir gerade gut? Welche Stärkung brauchst Du?

Wenn Du Dich zentrieren und in Deiner Mitte fühlen möchtest, ist ein Sonnenton wunderbar.

Mit der Wasserstoffgamma-Schwingung bist Du in Verbindung mit allem, was ist.

Der Jahreston OM ist der allumfassende universale Ton, der transzendentale Urklang, in dem alles enthalten ist.

Besonders erdend und gleichzeitig kraftvoll werden Tageston und Biorhythmus Körper empfunden.

Klangbilder zeichnen

Du hörst den Ton, das bedeutet: Du nimmst die Schwingung im Raum wahr.

Kannst Du die Schwingung auch sehen? Wie bewegt sich die Schwingung im Raum? Hat sie eine Farbe oder sogar mehrere?

Versuche, es für Dich wahrzunehmen.

Du meinst, für Deine Augen ist es nicht sichtbar? Konzentriere Dich auf Dein Inneres und lasse die Bilder von dort aufsteigen.

Manche Menschen können die Schwingung mit den Augen sehen, doch den meisten bleibt dies verwehrt. Das ist nicht schlimm. Jeder von uns hat seine ganz eigenen, speziellen Gaben.

Wenn Du magst, male was Du wahrnimmst. Kritzle vor Dich hin, verwende Farbe, eine Leinwand... Deiner Kreativität sind keine Grenzen gesetzt.
Du magst einwenden, dass Du nicht malen kannst. Vergiss den Kopf, lass Deine Hände, die von Deinem Herz und Deiner Intuition geleitet sind, einfach machen.

Es werden wunderbare Energiebilder entstehen. Lass Deiner Kreativität freien Lauf und sei gespannt, was dabei entsteht. Lass Deiner Seele freien Lauf und erfahre, wie befreiend sich das anfühlen kann.

Spannend ist es auch, wenn Du mehrere Klangschalen zusammen spielst. Doch um ein Gefühl dafür zu entwickeln, empfehle ich mit einer Klangschale zu beginnen.

So geht es am einfachsten:

Das Ritual

Nimm Dir Zeit und sorge gut für Dich. Du solltest während dieser Zeit ungestört sein. Vielleicht magst Du eine Kerze entzünden.

Atme ein paar Mal tief ein und aus.

Spiele jetzt sanft die ausgewählte Klangschale für Dich an.

Versuche dabei, Dich ganz auf den Klang und die Schwingung im Raum einzulassen. Vielleicht magst Du zwischen den Anschlägen die Augen schließen und bei jedem neuen Anschlag die Augen öffnen und wahrnehmen?

Nach einer Weile – Dein Gefühl wird Dich leiten – lasse die Klangschale ausklingen und spüre noch ein wenig nach.
Nun nimm Deine bereitgelegten Stifte oder Pinsel und Farbe und das Papier oder die Leinwand und lass aus Dir herausfließen, was auch immer sich zeigen mag.

Male nicht mit dem Kopf, sondern lass Deine Hände Deinem Herzen und Deinen inneren Bildern folgen.

Wenn Du fertig bist, lösche die Kerze, atme ein paar Mal tief ein und aus und kehre mit Deiner ganzen Aufmerksamkeit wieder ins Hier und Jetzt zurück.

Vielleicht kannst Du es spüren: Die Schwingung ist noch immer präsent, wenn auch ohne Ton, doch nun sichtbar in Deinem Bild.

Mit Deinem Energiebild, dem, was die Klangschale Dir vermittelt hat, kannst Du nun Dein Heim verschönern und diese Energie auch ohne Klang immer um Dich haben. Hat sich Dein Blick auf die Schwingung um Dich herum vielleicht geändert?

Raumreinigung

Für die energetische Raumreinigung musst Du Deine Räume nicht zwingend ausräuchern. Du kannst auch ohne zu räuchern Deine Räume mit Schwingung und Klang reinigen.

Eine energetische Raumreinigung mit Klang und Schwingung ist besonders zu empfehlen, wenn Du Menschen oder Haustiere um Dich herum hast, die sehr empfindlich auf Gerüche reagieren.

Das Ritual

Nimm Dir Zeit für Dich und Deinen Wohn- und Arbeitsbereich.

Wenn Du magst, dann lade Deine(n) Geistführer oder Deine(n) Engel zur Raumreinigung ein.

Öffne die Fenster des Raumes, in dem Du Dich befindest.

Dann spiele Deine Klangschale sanft an. Spiele in Richtung der Wände, bespiele die Ecken ebenso wie Mau-

ervorsprünge, Schränke und Gegenstände im Raum. Deine Schale sollte harmonisch klingen.

Tut sie das an einer Stelle nicht, so verweile so lange dort, bis sie wunderbar schwingt und klingt.
Danach fahre mit dem Beschwingen des restlichen Raumes fort und treibe die alte Energie zum offenen Fenster hinaus.

Am schönsten und wirkungsvollsten ist es, wenn Du zusätzlich zum Klang und zur Schwingung die Absicht mit in die Raumreinigung einbringst: Alles Alte und Verbrauchte, alles, was nicht zu Dir gehört, soll den Raum verlassen. Er möge sich mit frischer, harmonischer Energie füllen.

Nach der Raumreinigung bedanke Dich für alles, was geschehen durfte. Falls Du Deine geistigen Helfer eingeladen hast, bedanke Dich auch bei Ihnen.

Dann schließe wieder die Fenster und genieße die frische gereinigte Energie.

Wichtige Hinweise:

- Gehe mit Deiner Klangschale in jede Ecke Deines Raumes oder Deines Hauses. Auch in die Toilette.

- Öffne das Fenster – alles darf und muss raus.
  Dort, wo es sich nicht schön anhört, solltest Du besonders lange spielen, bis Harmonie entsteht und sich der Ton der Klangschale gut anhört.
  Bring Deine Schale zum Klingen, bis es wunderbar schwingt und Du Dich wohlfühlst.

Exkurs Planetenklangschalen

Was ist die beste Planetenklangschale zur Reinigung?

Am liebsten nehme ich die, mit der ich mich zu diesem Zeitpunkt am wohlsten fühle. Aber Du kannst auch ganz gezielt die richtige Schwingung für Dich wählen.

Einen kleinen Anhaltspunkt findest Du im Anhang unter der Auflistung der Planetentöne.
Besonders mag ich Wasser, Wasserstoffgamma, erdende sowie Herz-Töne.

In der Natur

Sehr gern nehme ich meine Klangschalen mit nach draußen in die Natur.

Auch auf Reisen begleiten mich meine Klangschalen. Meine Lieblingsklangschalen sind zu schwer – und so nehme ich kleinere Klangschalen, die sich gut tragen lassen und die ich gut einige Zeit auf der Hand halten kann.

Für die Verbindung mit der Natur suche ich mir einen ruhigen Ort, an dem ich ungestört sein kann. Das kann eine Wiese sein, ein Waldrand, oder ich gehe zu einem einzelnen Baum. Jeder Ort in der Natur, der Dich anspricht, ist geeignet.

Du wirst merken: Je öfter Du Dich auf die Schwingung der Natur um Dich herum einlässt, desto eher wirst Du zu bestimmten Orten hingezogen. Folge diesen Impulsen. Höre auf diese innere Stimme, dieses leise Rufen von Mutter Erde – besondere Gefühle, Gedanken und Erlebnisse sind Dir sicher.

Sehr oft habe ich festgestellt, dass meine Klangschalen schöner und intensiver klingen, wenn ich sie in freier Natur, in Verbindung mit dem Leben spiele.
Spürst Du es auch?

Das Ritual

Nun hast Du also Deinen ruhigen Platz gefunden.

Schließe für ein paar Atemzüge Deine Augen. Genieße diesen Augenblick und stimme Dich ganz auf den Ort ein.

Verbinde Dich mit ihm.
Was nimmst Du wahr? Vielleicht fühlst Du, dass Du gar nicht allein bist. Naturwesen umgeben Dich.

Wenn Du den Impuls hast, Deine Klangschale zu spielen, öffne die Augen und spiele, so wunderbar es geht, für Mutter Erde und alle Wesen, die Dich begleiten und umgeben.

Sende mit jedem Anschlag, mit jedem Ton und jeder Schwingung Deiner Klangschale Licht und Liebe in die Welt.

Nach einiger Zeit wird der Impuls kommen, dass Du mit dem Spielen und Musizieren aufhören magst. Lasse Deine Klangschale ausklingen und spüre nach. Bleibe, falls möglich, noch eine Weile in Stille an diesem Ort und erfahre ihn mit allen Sinnen.

Zum Schluss bedanke Dich für alles, was in der sichtbaren und der unsichtbaren Welt geschehen durfte.

An meinem Lieblingsbaum im Hohenheimer Park sitze ich sehr gern und tanke neue Kraft. Gern berühre und umarme ich ihn. Mit meinem Klangschalenspiel zeige ich ihm meinen Dank für sein Dasein und dass ich bei ihm Kraft tanken kann, drücke meine Wertschätzung, meinen Respekt aus. Meist habe ich dabei den Eindruck, die Äste wiegen sich zu den Klängen.
Auch für kranke Bäume habe ich schon eine Klangschale gespielt.

Dabei gehe ich, so es möglich ist, um den Baum herum und spiele achtsam immer wieder meine Schale an. Mal gehe ich ganz nah heran, dann wieder ein paar Schritte zurück. Fast wie ein Tanz.

Hilft es dem Baum?
Ich bin davon überzeugt. Auf alle Fälle ist es meine Wertschätzung ihm gegenüber für all das, was er jeden Tag, jede Sekunde für uns alle tut.

Ritual in der Schwangerschaft – das Leben begrüßen

Jeder Tag in der Schwangerschaft ist ein besonderer Tag. Möchtest Du das in Dir heranwachsende Leben ehren?

Es kann ein ganz wunderbares Ritual für Dich und Dein Kind sein.

Meine Empfehlung ist, dass Du am besten immer die gleiche Klangschale benutzt. Es ist wunderbar, dieses Ritual an möglichst vielen Tagen Deiner Schwangerschaft zu wiederholen – an Tagen, an denen es Dir gut geht, sowie an Tagen, an denen es beschwerlicher ist. So kannst Du die Botschaft und die liebevolle Schwingung an die heranwachsende und sich entwickelnde Seele in Dir tief verankern – es gibt Dir und Deinem Kind Kraft, Mut und Verbindung in guten wie in weniger guten Zeiten.

Wichtig ist, dass Du Dich mit der Schale, deren Schwingung und Klang absolut wohl fühlst. Du kannst Dir sicher sein: Wenn es Dir behagt, wird es in der Regel auch Deinem Kind gefallen. Manche Kinder haben schon im Mutterleib einen eigenen Kopf, deswegen achte auf die Reaktionen Deines Kleinen.

Wenn es gegen die Schale protestiert, nimm eine, auf die Ihr Euch Beide einigen könnt.

Mit Deiner Klangschale kannst Du ganz sanft Deinen Babybauch bespielen.

Am besten spielst Du die Klangschale ein Stück vor Dir an und bewegst Sie dann auf Deiner Hand haltend vor Deinem Bauch und um Deinen Bauch herum langsam und ruhig.

Das Gehör ist der erste Sinn, der bei Deinem Kind vollständig ausgeprägt ist – und sei Dir gewiss, Dein Kind wird die Erinnerung an das Klangschalenspiel und Deine liebevollen Gedanken mit in die Welt außerhalb Deines Bauches tragen. Dieser Klang, diese Schwingung kann Euch sehr, sehr lange verbinden, vielleicht sogar für immer.

Später wird der Klang der Schale Deinem Kind beim Einschlafen helfen (siehe auch das Einschlafritual für Kinder).

Das Ritual für die werdende Mutter und das Kind

Nimm Dir Zeit und sorge gut für Dich bzw. Euch. Ihr solltet während dieser Zeit absolut ungestört sein.

Mach es Dir so bequem wie möglich.
Stimme Dich auf das wachsende Leben in Dir ein. Gib Deinem Kind die Botschaft: Diese Klänge sind für Dich.

Spiele Deine gewählte Klangschale mit einem sanften Anschlag und einem ruhigen Rhythmus an. Sende Gedanken der Liebe, der Zusammengehörigkeit, des Willkommens mit jedem Anspielen der Schale an Dein Kind.

Du bist willkommen. Du wirst geliebt. Du bist genau so richtig, wie Du bist. Du wirst behütet. Du bist geborgen und sicher. Ich sorge gut für Dich und bin für Dich da. Ich freue mich auf Dich. Ich liebe Dich.

Sehr gern kannst Du diese und Deine eigenen Worte laut aussprechen.

Genieße Dein Klangschalenspiel selbst, spüre die Verbindung zu dem heranwachsenden Leben in Dir.
Sei Dir bewusst, dass Eure Verbindung etwas ganz Besonderes ist. Einzigartig. Einmalig.

Nach einer Weile lass die Klangschale verklingen und spüre noch etwas nach, wie es Dir und Deinem Baby geht.

Dann kehre beschwingt in den Alltag zurück.

Wunderschön ist es, wenn Du das Ritual zusammen mit Deinem Partner oder anderen Dir nahestehenden Personen ausführst.
Es kann die Verbindung zwischen Euch stärken und Gemeinsamkeiten schaffen.

Zuerst wählt eine Klangschale aus, die Euch anspricht und gefällt.
Dann wird die Klangschale ein Stück vor der werdenden Mutter angeschlagen und vor ihrem Bauch und um ihren Bauch herum langsam und ruhig bewegt.

Du als Partner lass dabei Deine liebevollen Gedanken und Gefühle zu Mutter und Kind wandern. Vielleicht kannst Du Deine Gefühle und Wünsche auch laut aussprechen?

Du als werdende Mutter, die gefühlvoll bespielt wird, lass liebevolle Gedanken zu Deinem Partner und zu Deinem Kind strömen.

Was mit einem Partner gut möglich ist, ist das Aufsetzen der Klangschale auf den Körper der werdenden Mutter, speziell auf dem Bauch. Aber nur, wenn es von der schwangeren Frau gewünscht ist, dies absolut sacht geschieht und die Klangschale vorsichtig angespielt wird.

Bitte sei bei einem Abstellen der Klangschale besonders vorsichtig und beim Anspielen der Schale noch sanfter. Du bist ganz, ganz nah an diesem sich entwickelnden Kind. Die Mutter wird jede Reaktion direkt spüren. Bitte folgen den Hinweisen der Mutter und nimm bei der kleinsten Unannehmlichkeit die Schale sofort vom Körper.

Das Aufsetzen der Klangschale ist, wenn überhaupt, erst auszuführen, wenn das Ritual bereits an mehreren Tagen ausgeführt wurde. Und nur, wenn es sich für alle Beteiligten ganz und gar gut anfühlt.

Das Ritual mit dem Partner

Nehmt Euch Zeit und sorgt gut für Euch. Ihr solltet während dieser Zeit absolut ungestört sein.

Macht es Euch so bequem wie möglich. Stimmt Euch aufeinander und auf das wachsende Leben im Bauch der werdenden Mutter ein. Die Klänge und Schwingungen sind für Euch als Paar und für das Kind im Mutterleib.

Der Partner spielt die ausgewählte Klangschale mit einem sanften Anschlag und einem ruhigen Rhythmus an.

Ihr beide sendet Gedanken der Liebe, der Zusammengehörigkeit, des Willkommens mit jedem Anspielen der Schale an Euch als Paar und an Euer Kind.

Wir lieben uns. Wir werden zusammenstehen. Wir werden Dich, unser heranwachsendes Kind, in Liebe begleiten und für Dich da sein. Du bist willkommen. Du wirst geliebt. Du bist genau so richtig, wie Du bist. Du wirst behütet. Du bist geborgen und sicher. Wir sorgen gut für Dich. Wir freuen uns auf Dich. Wir lieben Dich.

Sicherlich findet Ihr hier Eure eigenen Worte.

Falls Ihr das Ritual gemeinsam schon einige Male ausgeführt habt und es sich richtig anfühlt, könnt Ihr das Aufstellen der Klangschale auf dem Bauch vorsichtig ausführen.

Nehmt Euch Zeit füreinander, genießt dieses achtsame Zusammensein.

Nach einer Weile lasst die Klangschale verklingen und spürt gemeinsam noch etwas nach, bevor Ihr wieder in den Alltag zurückkehrt.

Das Ritual lässt sich wunderbar erweitern, indem die werdende Mutter ihren Partner mit der gemeinsam gewählten Klangschale bespielt und ihm somit Liebe und Zuneigung zukommen lässt. Ich bin mir sicher, Ihr werdet das gegenseitige achtsame Klangschalenspiel genießen.

Raum für Deine eigenen Gedanken

Zum Schluss

Nun hast Du einiges über die verschiedenen Möglichkeiten zur Anwendung einer Klangschale im Alltag gelesen. Und dies ist bei Weitem nicht erschöpfend. Es gibt noch viel, viel mehr.

Ich hoffe, es macht Dir Lust, das eine oder andere auszuprobieren oder Dein eigenes Ritual zu entwickeln. Falls Du Dich fragst, ob Du etwas falsch machen kannst: meiner Meinung nach nichts, solange Du Deine Klangschale sanft spielst und Deiner Intuition folgst.

Wenn Du Dich von dieser feinen Stimme in Dir, die mal leiser und mal lauter ertönt, leiten lässt, wirst Du immer genau das Richtige tun.

Probiere es aus – und wenn Du magst, lass mich wissen, was Du tust, was Dir heilig ist, und was Dich im Alltag unterstützt.

Ich bin gespannt, was Du mit Klangschalen alles erlebst. Viel Freude beim Ausprobieren und Spüren.

Herzlichst
Deine Christina

Danke

Ein großes Dankeschön an alle, die dazu beigetragen haben, dass dieses kleine Büchlein entstehen durfte. Ein besonderes Dankeschön an meinen Mann, Frank Plate, der mir die Klangschalen, speziell Planetenklangschalen, nahegebracht hat, von dem ich viel lernen durfte und es immer noch tue.

Danke an all meine Freunde und Teilnehmer, die immer wieder alles ausprobiert und mitgestaltet haben.

Danke an alle, die an diesem Buch mitgewirkt haben. An alle, die vorab gelesen, kritisiert, Mut gemacht, ausprobiert haben, die sich ums Lektorat, das Design, den Satz und den Druck gekümmert haben.

Danke an Dich Leserin, Danke an Dich Leser, dass Du Dich auf diese Klang- und Schwingungswelt der Klangschalen eingelassen hast. Ich hoffe, ich konnte etwas von meiner Begeisterung und den vielfältigen Einsatzmöglichkeiten vermitteln und Du kannst wahre Seelenmomente erleben.

Anhang

Schalengröße und Klöppelart

Für jede Klangschale gilt es den richtigen Klöppel zu verwenden, damit Du einen wunderbaren Ton und eine sanfte harmonische Schwingung erzeugen kannst. Hier findest Du Orientierungswerte:

Schalen-durchmesser	**1. Wahl**	**Alternative***	**Artikelnr. bei Abaton Vibra****
bis ca. 5 cm	Holzklöppel	kleiner Lederklöppel	KL-HK
5-7 cm	Lederklöppel	Filzklöppel einfach beklebt	KL-FK
7-10 cm	Filzklöppel einfach beklebt	Lederklöppel	KL-FK
10-13 cm	Harter Filzklöppelkopf		KL-FS-1
13-46 cm	etwas weicherer Filzklöppelkopf		KL-FS-2
16-22 cm	weicherer Filzklöpelkopf		KL-FS-3
Ab 23 cm	ganz weicher Filzklöppelkopf		KL-FS-4
Fußschale	Klöppel mit Fell überzogen		GO-KL-FL

Die Klöppel für Klangschalen mit einem Durchmesser bis ca. 10 cm haben in der Regel einen kurzen, alle anderen einen langen Stiel.

Erläuterungen:

* Alternative: pauschal lässt sich schwer sagen, welcher Klöppel besser passt. Es muss ausprobiert, gehört und gespürt werden.

** Artikelnummern bei Abaton Vibra: Ich persönlich verwende nur die Klöppel von Abaton Vibra. Zur besseren Orientierung sind die Artikelnummern mit aufgeführt. So kannst Du schnell auf der Webseite von Abaton Vibra herausfinden, was das für ein Klöppel ist.

Planetentöne

Es gibt vier Erdschwingungen, die Töne der neun Planeten unseres Sonnensystems, die Sonne selbst und Wasserstoffgamma.

Dazu kommen noch die Frequenzen von Lilith, den Asteroiden Chiron und Eros, die drei Zyklen des menschlichen Biorhythmus sowie die Alpha- und Thetawellenschwingungen des menschlichen Gehirns, Wasser und Delphin, die alle nicht auf den Berechnungen von Hans Cousto basieren.

Planetenton	**Frequenz in Hz**	**Wirkung**
Alphawelle	160,00	Entspannt den Geist, bringt Ruhe
Biorhythmus Geist	188,29	Geistige Wachheit
Biorhythmus Körper	135,08	Bessere Körperwahrnehmung
Biorhythmus Seele	110,96	Ruhe für die Gedanken
Chiron	171,80	Der innere Lehrer und Heiler, Ratgeber

Planetenton	Frequenz in Hz	Wirkung
Delphin	125,10	Lebensfreude, übersprudelnde Energie, Verspieltheit, der inneren Stimme des Herzens folgen
Eros	154,66	Fröhliche Gelöstheit, sanfte ausgleichende Herzenergie
Hopi-Herzton	164,80	Reise zum inneren Kind, Liebesenergie für sich selbst, sich selbst umarmen können
Jahreston OM	136,10	Entspannend, beruhigend
Jupiter	183,58	Wachstum, Kreativität, Sinngebung, am gesetzten Ziel dran bleiben können. Wie soll ich etwas tun?
Lilith	123,02	Weibliche Kraft, Schattenseiten erkennen
Mars	144,72	Vitalität, Antrieb, Tatkraft, Lebensenergie stärken, Entscheidungen treffen und dazu stehen
Merkur	141,27	Kommunikation, Intelligenz, Urvertrauen
Mond synodisch	210,42	Sensitivität, Emotionen

Planetenton	Frequenz in Hz	Wirkung
Neptun	211,44	Intuition, Visionen
Platonisches Jahr	172,06	Klarheit,Heiterkeit, Ton des Wassermann-zeitalters. Was soll ich tun?
Pluto	140,25	Transformation, Veränderung akzeptieren und mit der Veränderung umgehen können, Altes loslassen, Neues beginnen
Saturn	147,85	Klarheit, Konzentration, Struktur, Abgrenzung
Sonne	126,22	Zentrierung, Lebensenergie, Kraft
Tageston	194,18	Vitalisierung, Erdung, im Hier und Jetzt sein
Thetawelle	112,00	Tiefe, umhüllende Entspannung
Uranus	207,36	Unabhängigkeit, neue Ideen
Venus	221,23	Harmonie, Liebesenergie, Schönheitsempfinden
Wasser	178,13	Alles fließt
Wasserstoff-gamma	157,04	Seelenverbindung, Einheit

Diese Übersicht nennt die verschiedenen Planetentöne inklusive ihrer jeweiligen Frequenz in Hertz. Die Wirkmerkmale sind nicht erschöpfend aufgezählt, sondern vermitteln nur einen kleinen Eindruck in ein weitaus umfassenderes und komplexeres Wissen.

Alle diese Töne können auch in anderen Oktaven schwingen und klingen. Die Wirkung bleibt.

Mehr über Planetentöne und speziell über Planetenklangschalen® findest Du auf der Internetseite www.sound-spirit.de

Literaturhinweise

Plate, Frank; Lindner, David; Prosic-Götte, Zoran:
Praxisbuch Klangmassage
Traumzeitverlag 2004

Cousto, Hans:
Die Oktave – das Gesetz der Harmonie
Simon + Leutner 2007

Berendt, Joachim-Ernst:
Nada Brahma Die Welt ist Klang
Rowohlt 1985

Hutter, Daniela:
Mach dein Leben hell
Goldmann 2015

Hutter, Daniela:
Das Yin-Prinzip
Goldmann 2016

Kontaktadressen, Bezugsquellen und Ausbildungen:

Klangschalen, Planetenklangschalen, Klangmassage-Ausbildungen und mehr:
Abaton Vibra
www.sound-spirit.de
info@abaton-vibra.de

Yoga mit Klangschalen, unterschiedliche Klangschalen-Ausbildungen, Klangmeditation:
Lotusherz GmbH
Yoga- und Meditationszentrum
www.lotusherz.de
info@lotusherz.de

Über die Autorin

Christina Plate, Jahrgang 1974, ist ausgebildete Klangmassagetherapeutin mit Planetenklangschalen, Yogalehrerin, Meditationskursleiterin und anerkannte Heilerin nach den Richtlinien des DGH e.V..

Sie leitet in Stuttgart das Yoga- und Meditationszentrum Lotusherz und unterrichtet viele Kurse und Ausbildungen rund um Yoga, Klangschalen und Meditation.

Bevor sie ihren Weg mit den Klangschalen, Yoga und Meditation fand, war sie erfolgreich in der Wirtschaft tätig. Aufgrund persönlicher Lebensumstände und Umbrüche beschäftigte sie sich verstärkt mit Meditation, Yoga, Spiritualität und fand darin ihre Berufung.

Inhaltsverzeichnis